FRISS ODER STIRB

Widmung?

Ne. Wer ist schon scharf darauf,
dass ihm eine solche Geschichte gewidmet wird?

… Oder doch:

Das hier ist für all die grenzdebilen Anhänger/innen
von kranken »Bewegungen« wie Pro-Ana, der Size
Zero Army und all den übrigen dreckigen Vereinen, die
Magersucht nicht nur als erstrebenswerten Lebensent-
wurf begreifen, sondern auch noch andere arme Seelen
dazu anstiften, es ihnen gleichzutun.

FRESST ODER STERBT!

LARISSA SARAND

FRISS oder STIRB

WIE MIR DIE MAGERSUCHT AUF DEN MAGEN SCHLUG UND ICH IHR INS GESICHT

SCHWARZKOPF & SCHWARZKOPF

INHALT

*»Was ich nicht wahrhaben will,
hülle ich in einen Scherz.«*

EMILY ELIZABETH DICKINSON

PROLOG

Dies ist kein Vorwort, sondern eine Vorwarnung. Ich bin Zyniker. Schon immer und wohl auch für immer. Nicht jedem Leser wird gefallen, *wie* ich das beschreibe, *was* ich hier beschreibe. Aber es handelt sich dabei eben um die Scheiße, die an *meinen* Schuhen klebt, und ein jeder hat seine eigene Methode, sich dieser zu entledigen.

Bitte treffen Sie also eine Entscheidung: Lesen Sie weiter und begeben sich mit mir auf eine wahrlich aberwitzige Reise oder klappen Sie das Buch schnell wieder zu und verbleiben somit in der moralischen Unbedenklichkeitszone.

Magersucht ist eine gefährliche, heimtückische und hartnäckige Krankheit. Das habe ich buchstäblich am eigenen Leibe erfahren. Und dennoch (oder gerade deswegen) hat sie mich in Situationen gebracht, auf die ich heute mit einem weinenden *und* einem lachenden Auge zurückschaue. Diese tragische Erkrankung entbehrt in ihren Auswüchsen nicht einer gewissen Komik – und diese werde ich ebenso wenig aus falscher Zurückhaltung heraus verschweigen wie die Abgründe, an die die Anorexie mich trieb. Ich habe eine lange Zeit hinter mir, in der ich zwischen Nacht und Dunkel schwebte – entsprechend gefärbt ist mein Humor.

Ich werde Witze darüber machen, weil ich Witze darüber machen *kann*. Ich habe überlebt.

Larissa Sarand

1

WAS BISHER GESCHAH

Eine Zeit lang dachte ich tatsächlich, der Sturm sei vorüber. Ich hatte die Beerdigung meines Vaters hinter mich gebracht und auch die meiner Mutter, die sich sechs Wochen nach seinem elendigen Krebstod das Leben genommen hat. Die Wohnung war aufgelöst, den Großteils ihrer Habseligkeiten hatte ich über einen Hausflohmarkt verkauft, und ein Makler war mit der Weitervermietung beauftragt worden. Die Flut an Formalitäten, die es zu erledigen galt, ebbte langsam ab, und es ging alles, wie mein Vater es ausgedrückt hätte, seinen sozialistischen Gang.

Ich kam peu à peu wieder zu Atem und war erleichtert, dass ich die ganze Scheiße unbeschadet überstanden hatte. Nachts schlief ich wie ein Baby, erfüllte meine Aufgaben in Uni und Nebenjob, ging mit meinen Freunden aus und lebte einfach weiter. Ich wurde weder von Weinkrämpfen geschüttelt noch von tiefer Trauer übermannt. Nicht einmal auf den Beisetzungen meiner Eltern hatte ich eine Träne vergießen müssen. Wurde ich von engen Freunden auf meine Gefasstheit angesprochen, antwortete ich stets, ich hätte wohl bereits zu ihren Lebzeiten von Vater und Mutter Abschied genommen – es war seit Langem klar gewesen, dass sein Krebsleiden ebenso unweigerlich zum Tod führen würde wie die schweren, tiefen Depressionen meiner Mutter, die sich standhaft und aggressiv gegen jedwede Behandlung ihrer Krankheit verwehrt hatte. »Wären die beiden bei einem plötzlichen Autounfall ums Leben gekommen, hätte ich das sicherlich nicht so gut verkraftet«, schloss ich auswendig meine Ausführungen, die Rechtfertigung für meine offenkundig als inadäquat empfundene Reaktion auf den elterlichen Tod. Die Freunde schauten betreten, nickten und gaben sich – was blieb ihnen anderes übrig? – mit der Antwort zufrieden. Hin und wieder spürte ich ihre prüfenden, nachdenklichen Blicke auf mir, wenn wir in geselliger Runde beisammensaßen. Und wenn ich mit meinem Freund Daniel gemeinsam auf dem Sofa lag und wir uns vom Fernsehprogramm berieseln ließen, ertappte ich ihn des Öfteren dabei, wie er mich ernst und mit einem befremdeten Gesichtsausdruck von der Seite aus betrachtete.

»Hast du mal darüber nachgedacht, zu einem Psychotherapeuten zu gehen?«, fragte er mich einmal, als wir am Grab meiner Eltern neue Blumen einpflanzten. Auch ein paar andere Freunde hatten mich bereits darauf angesprochen. Ich erhob mich aus der Hocke und klopfte mir die Erde von den Händen. »Und was bitte soll ich dort? Zu einem Therapeuten gehen Leute, die eine psychische Erkrankung haben. Hast du den Eindruck, dass bei mir im Oberstübchen irgendetwas nicht in Ordnung ist? Warum wollt ihr mir alle ein Problem andichten, das ich überhaupt nicht habe?!« Ich war laut geworden, denn ich ärgerte mich darüber, dass meine engsten Bezugspersonen mir offenbar nicht zutrauten, schlimmer noch: nicht *glaubten*, dass ich mit dem erlittenen Verlust allein zurechtkam. Ich klaubte die Pflanzenabfälle zusammen und stapfte wütend zum Komposthaufen hinüber. Das Thema war erledigt.

Okay, zugegeben: Ich war mir ja selbst ab und an unheimlich. Schmerz und Trauer empfand ich in keiner Weise. Mein Gefühlsleben war narkotisiert. Mir war bewusst, dass sich die meisten Menschen anders verhalten hätten, wenn ihnen innerhalb von einigen Wochen beide Elternteile weggestorben wären. Es gäbe Tränen, Verzweiflung, Appetitlosigkeit, Lethargie … Das ganze Trauer-Programm eben. Aber hey – Shit happens, oder?

Sollten sie doch alle froh sein, dass ich nicht vorübergehend zum Pflegefall geworden war! In der Vergangenheit hatte ich ihnen mit den Geschichten über meine kranken Eltern schon genug ein Ohr abgekaut. Von ihrer unermüdlichen Hilfsbereitschaft ganz zu schweigen, mit der sie mich tatkräftig bei der Räumung der Wohnung meiner Eltern unterstützten. Es sollte endlich Schluss sein mit den Trauermienen und Mitleidsbekundungen allenthalben. Ich fühlte mich oft regelrecht desavouiert mit meinem Schicksal. Ich war die Spaßbremse, in deren Gegenwart man nicht laut lachen darf, weil sie es ja so schwer hat. Ich war diejenige, der etwas Unaussprechliches widerfahren war. Dann *lasst* uns bitte auch nicht weiter darüber sprechen! Zurück zum Tagesgeschäft! Weitermachen und bloß nicht mehr unangenehm auffallen!

Achtung, Spoiler: Ich würde bald wieder unangenehm auffallen. Und ich würde wieder diejenige sein, die bis zum Hals in der Scheiße steckt. Denn die Trauer, die ich zwar nicht zulassen konnte geschweige denn zu zeigen vermochte, rumorte dennoch in mir. Sie suchte nach einem Weg, sich Ausdruck zu verleihen. Ich stelle die Trauer hier nicht als selbstständig handelnde Figur vor, weil ich eine besondere Schwäche für das Stilmittel der Personifikation habe. Ich empfand sie in der Tat als etwas Non-Existentes, nicht zu mir Gehörendes. Ich strafte sie mit Nichtachtung. Doch die Trauer ist eine Grand Dame der Gefühle, die sich nicht gern ignorieren lässt. Und sie revanchierte sich, indem sie mich in die Magersucht schickte.

2

ROM – DIE EWIGE STADT DER KOHLENHYDRATE

Ich sitze hier und grüble wie tausendfach zuvor, wann und in welcher Form mir die Magersucht zum ersten Mal vorstellig geworden ist. Leider vermag ich es wirklich nicht zu sagen. Aufgefallen ist mir mein zunehmend verkrampfter Umgang mit Essen etwa ein halbes Jahr nach dem Tod meiner Eltern. Daniel und ich hatten ein Reiseschnäppchen ergattert und waren für einen Wochenendtrip nach Rom aufgebrochen. Bereits kurz nach unserer Ankunft vor Ort ging das Theater los: Wir hatten an diesem Tag früh aufstehen müssen, eine lange Anfahrt zum Flughafen in Berlin und dann in Italien einen noch längeren Transfer zu unserem Hotel hinter uns. Endlich dort angekommen, machte sich naturgemäß der Hunger bemerkbar. Und ebenfalls naturgemäß werden in italienischen Lokalen *vorwiegend* zweierlei Speisen feilgeboten: Pizza und Pasta. Ich war partout nicht dazu zu bewegen, irgendwo einzukehren, weil mir die Speisekarte hier wie dort nicht gefiel. Unsere Bleibe befand sich in einer Ecke Roms, die ausschließlich über sehr einfache Trattorien, ähnlich unseren Schnellimbissen, verfügte – Salate suchte ich in den Angeboten vergebens, es waren wirklich nur simpelste Pizza- und Nudelgerichte zu haben.

Ich weiß noch, dass ich mir selbst albern vorkam und mich über mein Gemecker ärgerte, während ich den armen Daniel von einer Straße in die nächste schleifte und panisch Speisekarten nach kalorienarmer Kost durchforstete wie angsterfüllte Angehörige die Passagierlisten eines abgestürzten Flugzeugs nach den Namen ihrer Liebsten. Ich konnte mir mein Verhalten nicht erklären und beschloss schließlich mit Rücksicht auf meinen Freund, es gut sein zu lassen. Wir setzten uns in die nächste Pizzeria, und ich bestellte eine Pizza Margherita, von der ich trotz knurrendem Magen nur zwei Stückchen aß und den Rest mit der Behauptung, sie schmecke mir nicht, stehen ließ. Zur Ehrenrettung der italienischen Pizzamanufaktur: Die Margherita war hervorragend! Ich entschuldige mich ausdrücklich für diese Lüge (die erste von vielen, vielen noch folgenden) und verspreche, bei meinem nächsten Rom-Besuch aufzuessen und das verdiente Lob auszusprechen. Gott sei Dank bin ich Atheist; müsste ich all die Lügen, die ich mir und meiner Umwelt in den kommenden Jahren auftischte, um meine Magersucht zu verbergen beziehungsweise meine verrückten Ernährungspläne einzuhalten, im Beichtstuhl offenlegen – der Priester und ich wären über Wochen hinweg beschäftigt.

Es war erst früher Nachmittag, als wir das Lokal verließen und beschlossen, unser Touri-Programm am Kolosseum zu starten. Ich überredete Daniel zu einem einstündigen Fußmarsch dorthin mit der (gelogenen) Begründung, ich wolle mir das Geld für eine Fahrkarte sparen. Wir beide haben einen zügigen Schritt, und ich freute mich über die verbrannten Kalorien mehr als über die Schönheit der Stadt. Nach der Besichtigung des monumentalen Baus spazierten wir durch den anliegenden Park, wanderten weiter zum Circus Maximus und schließlich noch durch eine der Einkaufsstraßen. Daniel kaufte sich ein Eis, und ich kaufte keines, denn ich hatte spontan meine frei erfundene Furcht vor einer Salmonelleninfektion entdeckt und meinen Freund nun von dieser in Kenntnis gesetzt. Meine Laune schwand. Mich plagte der Hunger, was ich aber vor Daniel geheim hielt, da er mich ansonsten sicherlich auf eine Zwischenmahlzeit hätte einladen wollen.

Als wir uns am Abend, selbstverständlich erneut zu Fuß, auf den Rückweg zum Hotel machten, kamen wir an einem Supermarkt vorbei. Das grelle Licht der Leuchtbuchstaben drang durch meine Augen direkt in mein erleichtertes Herz: Obst! Gemüse! Nährwertangaben! Ich tischte Daniel das Märchen auf, dass ich lieber gemütlich im Hotelzimmer zu Abend essen würde als in einem Restaurant, und so kauften wir Brötchen, Belag, Obst und Gemüse im Discounter. Wir breiteten unseren Einkauf auf dem Bett aus, schalteten den Fernseher an, und ich naschte ein paar Tomaten und Babykarotten. Mein Freund war in die Sendung vertieft und bemerkte nicht, wie spartanisch meine Mahlzeit ausgefallen war.

Nachts lag ich wach. Mir war schlecht vor Hunger, und ich trank fast einen Liter Cola Light auf einmal, um meinem Magen zumindest für einen kurzen Moment vorzugaukeln, er bekäme, wonach er verlangt. Ich weiß noch, dass ich mich ernsthaft fragte, warum ich mich heute so merkwürdig aufgeführt hatte, was das Essen betraf. In letzter Zeit hatte ich verschiedene Lebensmittel auf eine imaginäre »Verbotsliste« gesetzt, ja nahezu eine *Angst* vor diesen entwickelt. Alles, was Fett und Zucker enthielt, mied ich wie der Teufel das Weihwasser und konnte es mir beim besten Willen nicht erklären. Eine Diät war jedenfalls nicht der Grund, ich trug seit jeher Kleidergröße 34/36 und hatte von Natur aus einen guten Stoffwechsel, der mich schlank hielt, obwohl ich schon immer eine Vorliebe für Süßes hegte. Ich schüttelte die Gedanken ab, wickelte mich in die Bettdecke ein, da ich trotz milder Temperaturen fror, und fand schließlich in den Schlaf.

Am nächsten Morgen enterten Daniel und ich den Frühstücksraum, und sofort ging das Theater von Neuem los. Kredenzt wurden neben einigen Wurstsorten, die für mich als

Vegetarierin ohnehin nicht infrage kamen, Weißbrot, Croissants, ölig glänzendes Rührei, Käse und Marmelade. Ich schimpfte wie ein Rohrspatz darüber, dass sich an dem kleinen Buffet weder Obst noch Gemüse fanden, trank lediglich einen Kaffee und beobachtete meinen Freund dabei, wie er sichtlich angespannt Salami-Toasts und Rührei verspeiste. Als wir schließlich zu unserer nächsten Erkundungstour aufbrachen, steuerte ich umgehend wieder den Supermarkt an, um mich mit Mini-Karotten, Snacktomaten und einem trockenen Brötchen für den Tag einzudecken. Wir absolvierten einen Gewaltmarsch zum Vatikan und besichtigten die dortigen Museen. Doch irgendwie hatte ich kein Auge für die Ausstellungsstücke; es kostete mich Überwindung, auch nur einen kurzen Augenblick innezuhalten. Ich verspürte den Drang, mich stets und ständig auf Trab zu halten. *Insidious activity* wird dieses Phänomen genannt, wie ich heute weiß. Diese »heimtückische Aktivität« hat zum Ziel, durch fortwährende Bewegung möglichst viel Energie zu verbrauchen. »Keep on going« – im wahrsten Sinne des Wortes.

Wir wetzten den ganzen Tag weiter durch die Stadt und nahmen das Abendbrot auf mein Drängen hin wieder in Form von Rohkost im Hotelzimmer ein. Um ein bisschen Normalität vorzuspielen, hatte ich noch eine Schokolade in den Einkaufskorb gelegt, von der ich einige Stücke abbrach und ganz unten im Mülleimer verschwinden ließ, während Daniel unter der Dusche war. Als er zurück ins Zimmer kam, sang ich eine wahre Lobeshymne auf die Süßigkeit und reichte ihm die angebrochene Tafel herüber. Daniel lächelte mich an, gab mir einen Kuss und aß.

3

MATHE FÜR MAGERSÜCHTIGE

Zurück in Berlin, schlichen sich weitere Symptome der Magersucht ein. In der Uni führte mein Weg zum Mittagessen mich nun ausschließlich zur Salatbar der Mensa. In der Schale landeten ausschließlich Zutaten, die nicht mit Öl oder Soße zubereitet worden waren. Eisbergsalat, Gurkenscheiben, Tomatenviertel, Paprikastückchen. Dressing nahm ich keines, dafür aber eine Cola Light, um überhaupt irgendeinen Geschmack im Mund zu haben. Ich traf jetzt häufig verspätet zu Hause ein, und wenn Daniel mich darauf ansprach, erfand ich als Begründung Zugausfälle, Behördengänge und Arzttermine. Dass ich in Wahrheit seit einiger Zeit die vier Kilometer vom Bahnhof nach Hause zu Fuß bewältigte statt mit dem Bus, konnte ich ihm ja schlecht gestehen.

Um Mahlzeiten drückte ich mich, indem ich über Lebensmittelallergien klagte, an denen ich früher zwar tatsächlich litt, die aber in Umfang und Intensität mit steigendem Alter abgenommen hatten. Ich beklagte mich darüber, den ganzen Haushalt allein schmeißen zu müssen, gab Daniel aber de facto kaum Gelegenheit, mir dabei zur Hand zu gehen – jedes Staubkörnchen nahm ich zum Anlass, um sofort den Staubsauger anzuwerfen und damit durch die Wohnung zu pesen. Ich schrubbte und putzte, bis mir der Schweiß den Rücken herunterlief und ich mir sicher sein durfte, wieder ein paar böse Kalorien verbrannt zu haben. Daniel wehrte sich nur halbherzig gegen meine Vorwürfe, war er doch (wie wohl jeder andere auch) eigentlich froh darüber, dass ich all die lästigen Aufgaben übernahm.

Und so riss ich nun selbstredend auch das Einkaufen gänzlich an mich. Wäre Daniel dieser Tätigkeit nachgekommen, wäre ich das Risiko eingegangen, dass er die *falschen* Lebensmittel nach Hause brachte. Nicht auszudenken, wenn ich im Kühlschrank einen Joghurt mit einem Fettgehalt von 3,5 % statt der von mir verordneten 0,1 % vorgefunden hätte! Ich konnte mittlerweile Stunden in einem Supermarkt zubringen. Die Nährwertangaben der feilgebotenen Waren lernte ich auswendig, als wäre ich Kandidatin bei *Wetten, dass ..?*, und bezahlte für einen Marken-Magerquark 1,59 Euro, weil dieser zehn Kalorien weniger auf 100 Gramm beinhaltete als das No-Name-Produkt für 65 Cent. Stets war ich zur Sparsamkeit erzogen worden, aber jetzt redete ich mir ein, ja schließlich arbeiten zu gehen und mir von meinem selbst verdienten Geld auch mal etwas gönnen zu dürfen.

Hatte ich den Einkaufswagen endlich mit all dem Irrsinn gefüllt, den ich für obligatorisch hielt, schlenderte ich abschließend durch die Süßwarenabteilung, wo ich Schokolade und Kekse bestaunte wie andere Leute Rembrandt und van Gogh in einer Kunstausstellung. Und ebenso wenig wie ein gewöhnlicher Museumsbesucher ernsthaft mit dem Kauf eines solchen Werkes liebäugelt, dachte ich daran, auch nur einen einzigen Riegel aus dem Regal zu nehmen.

Beim Kochen ersetzte ich Sahne und Schmand durch 0,1-%-Joghurt, Zucker durch Flüssigsüßstoff und die fleischfreien Schnitzel oder Buletten, die ich als langjährige Vegetarierin vormals kaufte, durch selbst gemachte »Sauerkrautbratlinge«, die genauso schmeckten, wie sie klingen. Die Pfunde purzelten. Es war Frühjahr, aber die Temperaturen waren frostig, und nach außen hin konnte ich meine Gewichtsreduktion durch geschickten Zwiebel-Look und Oversize-Strickjacken gut verbergen. Mein

Freund aber sah mich auch ohne Kleidung. Und blieb ohne Worte.

Meine nächste Investition zugunsten meiner Essstörung galt einer neuen Waage. Unmöglich konnte ich mich weiterhin auf das alte Modell verlassen, das ich vor Jahren für ein paar Euro in der IKEA-Fundgrube erstanden hatte. Mein neuer Lebensmittelpunkt war nun ein 35 Zentimeter großes gläsernes Quadrat mit integrierter Körperfett-Messfunktion. Als ich das unselige Ding zum ersten Mal bestieg, zeigte es 48 Kilo. Rund fünf bis sieben Kilo weniger, als ich zu gesunden Zeiten wog. Da stand ich also am frühen Morgen auf der Waage, nackt, nüchtern und wie so oft in letzter Zeit fröstelnd, und besah mir die Zahl auf der Digitalanzeige. Mich überkam ein Gefühl tiefer Befriedigung, das ich mir selbst nicht erklären konnte. Aber eines war mir klar: Ich war auf dem absolut richtigen Weg.

Das Wort *Essen* erfuhr für mich eine semantische Verschiebung hin zu *Herausforderung*. Die häufig stattfindenden Abendessen, zu denen Daniels Familie zusammenkam, ließen mich Blut und Wasser schwitzen. Ich krallte mich in den Speisekarten der Restaurants fest, bis mir die Fingerknöchel weiß anliefen, immer auf der Suche nach dem vermeintlich kalorienärmsten Gericht. Ich rechnete zusammen und auseinander, dass mein alter Mathelehrer, der mir jahrelang eine wohlverdiente Fünf nach der nächsten und die Verdachtsdiagnose Dyskalkulie verbuchte, vom Glauben abgefallen wäre. Lieber Herr Obarg, Sie lagen falsch mit Ihrer Vermutung. Ich kann schneller rechnen, als ein Pferd rennt. Mir fehlte in der Schule einfach nur die »richtige« Motivation.

Stand schließlich die bestellte Herausforderung – äh, ich meine natürlich das Essen – vor mir, scannte ich den Teller unverzüglich nach einer Salatbeilage ab. Diese wollte ich aber keineswegs

zu mir nehmen. Sie diente mir stattdessen als Versteck. In schö-
ner Regelmäßigkeit warf ich einen »heiteren« Blick in die an
der Tafel versammelte Runde, um mich zu vergewissern, dass
niemand mir gerade seine Aufmerksamkeit zuteilwerden ließ.
War ich mir sicher, unbeobachtet zu sein, unterfütterte ich rasch
den Eisbergsalat mit Reis und Tofu. Wenn Daniel und ich gefragt wurden, ob wir für ein anstehendes Essen ein bestimmtes
Lokal bevorzugten, nannte ich stets eines derjenigen mit der
erfahrungsgemäß großzügigsten Salatgarnitur. Ehrlich. Das
menschliche Gehirn ist ein Faszinosum, nicht wahr?

4

DAS NICHTSCHWIMMER-
WASSERBALLETT

Mein Bewegungsdrang war unstillbar und omnipräsent. Ich lief wie ein Duracell-Häschen durch die Wohnung, durch die Straßen, durch die Uni und durchs Leben. Ein verregneter Tag am Wochenende, der mir keine Gelegenheit bot zu dem vorgeblich spontanen Ausruf: »Schatz, bei so einem schönen Wetter müssen wir einfach einen Spaziergang machen!«, trieb mich innerlich in den *Wahnsinn* … Also noch tiefer als ohnehin schon. An solchen Tagen schlug ich gern das Hallenbad als Freizeitaktivität vor, weil sich hier – der geneigte Leser wird es ahnen – die Möglichkeit auftat, Kalorien loszuwerden. Als ich Daniel erstmalig mit diesem Ausflugsziel überraschte, meinte er, sich verhört zu haben: »Du hast doch immer gesagt, Chlorwasser verträgt sich nicht mit deiner Neurodermitis«, erinnerte er mich verblüfft. Ich winkte ab: »Seit ich dieses Duschgel aus der Apotheke benutze, ist meine Haut weich wie ein Baby-Popo. Das nehme ich einfach mit, und dann ist das Chlor überhaupt kein Problem«, erwiderte ich und nahm mir vor, meinen Familienstammbaum beizeiten nach Verwandtschaftsverhältnissen zum Baron von Münchhausen zu untersuchen. Doch mein Freund hatte noch einen weiteren, nicht von der Hand zu weisenden Einwand: »Aber du kannst doch gar nicht *schwimmen*.« Jetzt war ich tatsächlich für einen Augenblick konsterniert. Dann nickte ich langsam und antwortete pathetisch: »Eben drum wird es höchste Zeit, dass ich es lerne.«

Aus dem Beifahrerfenster unseres Autos heraus konnte ich bereits den Eingang der Schwimmhalle erspähen und gab mir größte Mühe, weiterhin die Gutgelaunte zu mimen. Ich *hasse* Wasser und alles, was mit einer gemeinhin als »Badespaß« bekannten Unternehmung zusammenhängt. Ich hasse es, wenn meine Finger schrumpelig werden und dass mir auch bei 30 Grad im Schatten jedes Mal eiskalt ist, wenn ich mich aus dem See zurück ans rettende Ufer flüchte. Ich hasse es, dass das Wasser meine von Neurodermitis geplagte Haut so sehr austrocknet, dass mein ganzer Körper spannt und brennt. Ich hasse es, dass an meinen nassen Füßen der Sand klebt und zwischen den Zehen einfach *immer* einige Körnchen davon hängen bleiben, die beim Gehen eine schmerzhafte Reibung erzeugen. Und sobald mir das feuchte Nass bis zur Brust reicht, bekomme ich Panik und sehe mich bereits als aufgedunsene Leiche bäuchlings auf der Wasseroberfläche treiben. Das führt dazu, dass ich mich nur im flachen Wasser aufhalten kann, bei den Kindern im sogenannten Pissbereich also, und warum ich *das* hasse, bedarf keiner Erklärung. Ebenso hasse ich die winzigen Umkleiden im Hallenbad mit den schmierigen Spiegeln und dem gefliesten Fußboden, der mich erstens an ein Schlachthaus erinnert, zweitens ungeheuer rutschig und drittens eine Fußpilz-Brutstätte ist.

Trotzdem war ich nun hier und brach mir bald einen ab bei dem Versuch, meine Sachen in einen der viel zu kleinen Spinde zu stopfen. Ich konnte mich nicht wehren: Der Magersucht Wunsch war mir Befehl. Ich stand entnervt vor dem Metallschränkchen und dachte an Schnecken. Ja, Sie haben richtig gelesen. In einer Dokumentation hatte ich einmal gesehen, dass es einen Parasiten gibt, der in das Gehirn von Schnecken eindringt, wo er diese dazu bringt, sich am helllichten Tag prominent auf einem Blatt zu positionieren und sich somit offen als

Vogelfutter anzubieten. Das arme Kriechtier wird gefressen, und der Eindringling hat sein eigentliches Ziel, den Vogeldarm nämlich, erreicht. Gut, der Vergleich mag ein wenig hinken, aber die Analogie dürfte deutlich geworden sein. Ich tat Dinge, die ich nicht wollte, weil mich irgendetwas heimgesucht hatte und Zwangshandlungen unterwarf. Die Krankheit machte mich zur Schnecke.

So manövrierte ich mich als Nichtschwimmer unter Aufbietung aller Kräfte und Überlebensinstinkte auf abenteuerlichste Weise von einer Beckenkante zur anderen. Die Bewegungsabläufe, die ich hierbei zur Schau stellte, wären mir im Zustand geistiger Genese peinlich gewesen. Mein eingeschränktes Kognitionsfeld aber ließ mich jauchzen vor Freude, musste ich doch ungleich mehr Anstrengung beim Wassertreten aufwenden als jeder geübte Schwimmer. Und ein höherer Kraftaufwand zieht natürlich auch einen höheren Energieverbrauch nach sich ...

Daniel zog ruhig seine Bahnen und warf mir hin und wieder einen fragenden Blick zu. Ich verzog dann rasch das Gesicht zum Versuch eines Lächelns. Leider standen meine in Todesangst weit aufgerissenen Augen definitiv konträr zu der Aussage, die ich mit meinen Mundwinkeln tätigen wollte, und so setzte meine irre Mimik dem traurigen Schauspiel nun die Krone auf.

Fix und fertig zog ich mich nach vollendeter Kür aus dem Wasser und schleppte mich zu unseren Liegen hinüber, die wir, wie es sich für anständige Deutsche gehört, durch Auflegen eines Handtuchs vorab reserviert hatten. Ich kippte auf die Plastikliege neben meinen Freund, der gerade Kleingeld zusammensuchte und mich beim Aufstehen fragte, ob ich ebenfalls etwas Essbares vom Imbiss wollte. Ich war zu erledigt, um mir ad hoc eine Lüge auszuspinnen, und schüttelte matt und noch immer nach Luft ringend den Kopf. Wie immer war mir arschkalt, und ich deckte mich mit meinem nassen Handtuch zu, was meinen Zustand nicht verbesserte. Daniel kehrte mit Eis und Pommes zurück. Fasziniert sah ich zu, wie er beides völlig unbefangen und gedankenlos, ja *nebenbei* verdrückte und währenddessen mit seinem Smartphone spielte. Nun rührte sich bei mir auch der Hunger, aber es war erst elf Uhr vormittags, und um diese Zeit hatte ich mir nun wirklich noch keine Mahlzeit verdient. Ich folgte der verrückten Prämisse einer noch verrückteren Internetseite, die besagt, dass zwischen Abendessen und Frühstück 16 Stunden liegen sollten. Mein sportlicher Ehrgeiz – der beste Kumpel meiner Anorexie – ließ mich diese Empfehlung um das Wörtchen *mindestens* ergänzen, und so gab es regelmäßig Tage, an denen ich rund 20 Stunden nüchtern war.

Um mich vom Hunger abzulenken, hievte ich mich von der Liege hoch und verkündete, ich wollte unbedingt auf die Wasserrutsche. Zitternd vor Kälte und von der Anstrengung meines Nichtschwimmer-Wasserballetts erklomm ich die glitschige Treppe zur SplashXXL. Ich ließ mich in die Röhre plumpsen und nahm Fahrt auf. Unverzüglich durchfuhr mich ein stechender Schmerz, der mir vom Hintern aus durch den ganzen Körper fuhr. Die Lötstellen der Metallringe, aus denen die Rutsche konstruiert war, trafen alle paar Meter unsanft auf meine Gesäßknochen, die in Ermangelung von Fettgewebe de facto ungepolstert waren. Der Rutschen-Fabrikant hat mit dem Namenszusatz »XXL« nicht übertrieben – die Fahrt wollte kein Ende nehmen. Mein anfänglich noch vereinzeltes Aufstöhnen wurde durch die Länge des Martyriums und das steigende Fahrttempo zu einem einzigen lang gezogenen Schmerzensschrei. Schließlich sah ich buchstäblich Licht am Ende des Tunnels und wurde in ein Auffangbecken katapultiert, ging unter, schluckte Chlorwasser, kam japsend zurück an die Oberfläche und kletterte aus dem Becken, wobei Daniel mir lächelnd aus einigen Metern Entfernung zuwinkte, während er an den Resten seiner Eiswaffel knabberte. Ich grinste, so gut ich konnte, zurück, stand auf und wurde stutzig, als sein Gesicht plötzlich einfror. Von den zum Winken abgespreizten Fingern seiner Hand traten alle bis auf den Zeigefinger den Rückzug an. Mit diesem deutete mein Freund nun aufgeregt auf mich. Ich sah an mir herunter und stellte fest, dass nicht nur ich erschöpft war, sondern auch der Gummizug meines Bikinis, der schon einige Jahre auf dem Buckel hatte. Das Unterteil hing mir zwischen den Knien, und die Brustschalen waren mir fast bis in die Achseln gerutscht. Eilig zog ich das Höschen wieder hoch und bedeckte mit dem Unterarm meinen Mini-Busen. Mein Liebster war geistesgegenwärtig losgeflitzt, um ein Handtuch zu holen, in das er mich nun eilfertig einwickelte. Ich beschloss, für heute genug Spaß gehabt zu haben, und wir fuhren nach Hause.

5

ANOREXIA MEETS ADIPOSITAS

In der Uni war ich zum Sitzen gezwungen, in meinem Studenten-job in der Buchhaltung eines Verlags saß ich ebenfalls den ganzen Tag am Schreibtisch, und an den Abenden präferier-ten meine Freunde Couch oder Barhocker als Ort unserer Zu-sammenkünfte. Das konnte ich im wahrsten Sinne des Wortes nicht auf mir sitzen lassen. Es musste mehr Bewegung in meinen Alltag integriert werden, und die Legitimation dafür bestand in einem zweiten Nebenjob. Ich hatte früher bereits einige Jahre lang mit großer Leidenschaft in einer Boutique für Ball- und Brautmoden gearbeitet und schaute mich nun nach Stellen in dieser Branche um.

Mir einen Job als Lehrerin zu suchen, kam für mich nicht in-frage, obwohl dies durchaus sinnvoll gewesen wäre – immer-hin befand ich mich im Master-Studium auf Lehramt und hätte Praxiserfahrung in Hinblick auf das anstehende Referendariat gut brauchen können. Das Studium aber ödete mich lange schon an, und ich war alles andere als heiß darauf, Kindern die nächs-ten 40 Jahre hinweg den Unterschied zwischen Genitiv und Dativ einzutrichten. »Nachtigall, ick hör dir trapsen …«, hätte mein Vater an dieser Stelle gesagt. Ich aber hörte weder Nachti-gall noch meine innere Stimme, die zunehmend Zweifel an mei-ner Berufswahl laut werden ließ, und war dazu entschlossen zu beenden, was ich angefangen hatte. So sah ich den neuen Job einerseits als Möglichkeit für körperliche Aktivität, andererseits aber auch als eine der letzten Chancen, einer Arbeit nachzu-gehen, die mir tatsächlich Freude machte.

Ich schickte ein paar Bewerbungen raus und erhielt bald die Einladung zu einem Vorstellungsgespräch bei Brautmoden Plus. Als ich vor dem Laden ankam und die Schaufensterpuppen in Augenschein nahm, wurde mir klar, dass das *Plus* im Geschäftsnamen nicht einen Mehrwert an Ausstattung oder Service suggerieren sollte, sondern etwas über die Spezialisierung der Boutique implizierte: Brautkleider in Übergrößen. Mir klappte die Kinnlade runter. Anorexia meets Adipositas. Falls es, entgegen meiner Überzeugungen, doch einen Gott gibt, steht fest: Er hat Humor.

Ich betrat das liebevoll eingerichtete Geschäft und wurde von der beleibten Chefin freundlich in Empfang genommen. Sie bat mich auf der Couch, die für die Entourage der Bräute auf Kleidersuche bereitstand, Platz zu nehmen. Über dem Sofa hingen zahlreiche Fotos von strahlenden XXL-Bräuten mit handschriftlich hinzugefügten Dankesbekundungen an Brautmoden Plus. Wie schön, dass die Damen sich hier offenkundig gut aufgehoben fühlten!

Ich schälte mich aus meinem Daunenmantel und setzte mich. Nun erstarb Frau Schneiders Lächeln. Sie musterte mich von oben bis unten und sagte nach einem vernehmlichen Räuspern: »Wie Sie sicher bemerkt haben, ist unser Geschäft auf große Größen spezialisiert.« Sie machte eine Pause, sah mich bedeutungsschwanger an und setzte nach: »Sie haben doch kein Problem mit dicken Menschen?« Nun froren auch meine Gesichtszüge ein. »Was?«, fragte ich verdattert und war ehrlich schockiert über die Frage. Was für einen Eindruck vermittelte ich denn bitte? »Ich … Nein, natürlich nicht!«, stotterte ich nun, »Wie kommen Sie denn zu einer solchen Vermutung?« – »Wenn ich ehrlich sein darf, sehen Sie so aus, als würden sie äußert großen Wert auf eine sehr schlanke Figur legen«, antwortete Frau Schneider in nüchternem Tonfall. Ich lächelte unsicher und griff auf, wie die Trump-Beraterin Kellyanne Conway es wohl formuliert hätte, »alternative Fakten« zurück: »Ich habe eine Schilddrüsen-Überfunktion und bin deshalb so dünn.« Das Gesicht der Chefin hellte sich augenblicklich wieder auf, und mit meiner nächsten Aussage kehrte ich zur Wahrheit zurück: »In der Boutique, in der ich früher angestellt war, habe ich mich oft darüber geärgert, dass wir nur Kleider bis Größe 46 führten. Es war immer für alle Beteiligten peinlich, wenn ich Frauen, die mehr auf den Rippen hatten, wegen des mangelhaften Angebots wieder aus dem Laden heraus komplimentieren musste.«

Frau Schneider nickte zustimmend, sah mich jetzt ins rechte Licht gerückt und führte mich durch die Räume mit den Brautkleidern. Ich beantwortete ihre wie zufällig eingestreuten Fragen zu Stoffarten und Schnitten und hatte den Job. Fortan würde ich mehrmals in der Woche wieder meiner geliebten Tätigkeit als Verkäuferin für schöne Dinge nachgehen. Ich freute mich über die neue Stelle, aber auf dem Heimweg stimmte es mich missmutig, dass die Chefin meinen Charakter aufgrund meines Erscheinungsbildes falsch eingeschätzt hatte. Doch an solcherlei Interpretationsschwächen würde ich mich bald gewöhnen müssen – »dünn sein« wird von vielen Menschen fälschlicherweise ebenso mit Zickigkeit und Arroganz verbunden wie »dick sein« mit Faulheit und Völlerei. Vor*urteile* bringen halt auch Vor*teile* mit sich, lässt sich mit jenen doch auf einfache Weise ein sicheres Weltbild generieren.

Meine Freunde zeigten sich erstaunt über meinen Arbeitseifer. »Willst du dir wirklich neben der Uni und deiner Arbeit im Verlag noch einen Job aufhalsen?«, erkundigte sich meine älteste Freundin Maria bei einem gemeinsamen Kaffee. »Klar, warum denn nicht? Ich habe doch Kapazitäten dafür«, antwortete ich locker. Maria bedachte mich mit einem nachdenklichen Blick und griff über den Kaffeetisch nach meiner Hand. »Lala, ich weiß nicht, was in letzter Zeit mit dir los ist. Du stehst ständig unter Strom, wirst immer dünner und …« Ich entzog ihr meine Hand, hasste ich doch kaum etwas (na gut, Kalorien und Wasser vielleicht …) so sehr wie Tätscheleien, diese fleischlichen Mitleidsbekundungen, *Überlegenheits*bekundungen in meinen Augen, dabei war ich nicht bemitleidenswert, alles andere als das, ich war stark, verdammt, ich war aus Titan, *ein* Titan. Das Leben hatte mir mit meinem Schicksal ans Bein gepisst, aber da hatte es sich die Falsche ausgesucht, denn ich würde zurückpissen. Und der Strahl traf nun Maria: »Ich stehe nicht unter Strom, sondern habe einfach viel zu tun. Und was mein Gewicht betrifft, fasst du dir besser an die eigene Nase, oder?«

Der saß. Maria hatte in der Tat unlängst eine Phase durchlaufen, in der ihre Diät aus dem Ruder gelaufen war. Ich war zu Schulzeiten mehr als einmal Zeuge davon geworden, wie sie ihrer Leibesfülle wegen gehänselt wurde. Im Studium verabschiedete sie sich für ein Auslandsjahr, in dem sie »ihr Fett wegbekam« und erschlankt zurückkehrte. Ihr Friss-die-Hälfte-Programm führte sie aber trotzdem fort, da ihr noch immer die Angst in Gestalt von Kleidergröße 46 im Nacken saß. Gerade noch rechtzeitig, bevor ihr eine handfeste Essstörung hätte attestiert werden müssen, und nach einigen tränenreichen Gesprächen bekam sie irgendwie die Kurve und hielt nun ihr Gewicht, das bestenfalls im untersten Normalgewicht rangierte. Nach wie vor reagierte sie auf das Thema sensibel, und diesen Umstand nutzte ich jetzt schamlos aus.

Sie zog ihre Hand ebenfalls zurück und atmete durch. »Gut. Dann scheint ja bei dir alles in bester Ordnung zu sein«, konstatierte sie, stand auf und ging in Richtung WC. »Absolut!«, rief ich ihr hinterher, nutzte ihre Abwesenheit, um den zum Kaffee kredenzten Keks in meiner Jackentasche zu versenken, und glaubte mir den Schwachsinn, den ich da von mir gab.

6

HIGH DURCHS HUNGERN

An dieser Stelle sollte ich Ihnen wohl ein paar generelle Takte mehr über das Miststück Magersucht erzählen. Denn bisher habe ich Sie ja lediglich wissen lassen, dass die Anorexie mich zu einer kalorienzählenden, bewegungsverrückten und im Dialog mit anderen Menschen nicht gerade sympathischeren Zeitgenossin gemacht hat. Warum also bin ich überhaupt magersüchtig geworden? Welchen »Gewinn« brachte die Magersucht mir ein?

Die Antworten auf diese Fragen haben sich mir bis heute nicht wirklich erschlossen, und letzten Endes kann ich nur Vermutungen darüber anstellen, die ich mir aus möglichst logischen Kausalketten zusammengebastelt habe. Denn eines ist sicher: Ich bin mit meiner persönlichen Krankheitsgeschichte alles andere als der »klassische« Anorexie-Patient. Natürlich hat jeder Magersüchtige seine ganz individuellen »Gründe« für den Einstieg in die Anorexie, und ich möchte überhaupt nichts verallgemeinern. Aber fest steht: Etwa 90% der Betroffenen sind Mädchen, die während der Pubertät an Magersucht erkranken. Eine gängige These in diesem Zusammenhang ist, dass die mit der Pubertät auftretenden körperlichen und psychischen Veränderungen von den Betroffenen nicht gut bewältigt werden können und sie mit »Hilfe« der Anorexie die Kontrolle über diese unkontrollierbaren Vorgänge zu erlangen versuchen. Außerdem finden sich in den Familien magersüchtiger Mädchen oftmals Eltern mit extrem hohen Leistungsansprüchen an ihre Töchter sowie eine generell ambivalente Eltern-Kind-Beziehung. Die meisten Magersüchtigen haben außerdem eine sogenannte Körperschema-störung, das heißt, sie empfinden sich auch dann noch als zu dick, wenn sie bereits ein lebensbedrohliches Untergewicht erreicht haben.[1]

Allerdings werden in Bezug auf die Ursachen für Magersucht auch noch andere Faktoren aufgeführt, womit wir in meinem persönlichen Fall der Sache wohl schon näher kommen: Dazu gehören Selbstzweifel, ein geringes Selbstwertgefühl sowie das Eintreten belastender Situationen wie Tod oder Trennung von nahestehenden Personen.[2]

Irgendwo hier muss also bei mir der Ursprung des Übels sitzen – denn auch wenn ich stets ein Spätzünder war, hatte ich bei meinem Einstieg in die Magersucht mit 26 Jahren doch schon lange die Pubertät hinter mir gelassen. Und auch eine Körperschemastörung habe ich bei mir während der Anorexie nicht feststellen können. Ich habe gesehen, dass ich (zu) dünn war, aber dieser Umstand ging mit einer – anders kann ich es nicht ausdrücken – freudlosen Befriedigung einher.

Nach dem Ausschlussprinzip bleiben bei mir zwei Stellgrößen übrig, denen ich eine Mitschuld an meiner Essstörung geben kann: Der Verlust meiner Eltern, vor allem der meines Vaters, und die kläglichen Reste eines Selbstwertgefühls, dass meine Mutter kontinuierlich im wahrsten Sinne des Wortes aus mir herausgeprügelt hat. Da ich aufgrund des fehlenden Selbstwerts nicht recht glauben kann, dass ich eine Existenzberechtigung habe, wenn ich keine *Leistungen* erbringe, definiere ich mich über diese. Und ich bin mir durchaus des faden Beigeschmacks meiner folgenden Aussage bewusst, aber zutreffend ist sie trotzdem: Magersucht ist eine *Höchst*leistung. Dafür sind unbedingte Disziplin, exakte Planungen und eiserner Wille vonnöten. Außerdem bot die Anorexie mir nach einer Phase absolut unkontrollierbarer Ereignisse, nämlich dem Krebstod meines Vaters und dem Suizid meiner Mutter, die Möglichkeit, endlich wieder selbst etwas im Griff zu haben. Ich hatte wieder die Kontrolle, hatte *mich* unter Kontrolle.

Die Krankheit hat mich physisch immens geschwächt, aber psychisch beflügelte sie mich – so der verquere Gedankengang des Erkrankten – zu großer Stärke. Und irgendwann veränderte sich auch mein Verhältnis zum Hunger. War es anfänglich noch eine Tortur, ständig mit einem gefühlten Loch im Bauch herumzulaufen, ließ es sich mit der Zeit immer leichter ertragen. Und mehr noch: Oft war ich regelrecht »high« vom Hungern. Wer schon einmal eine Fastenkur gemacht hat, hat vielleicht Ähnliches erlebt, da es dadurch zu einem sogenannten »Fasten-High« kommen kann. Hierbei stößt der Körper vermehrt das Glückshormon Serotonin aus und ein Hochgefühl breitet sich aus.

Natürlich hat mich die Magersucht alles andere als glücklich gemacht, und es ging mir in dieser Zeit wirklich mehr als beschissen. Aber ich erinnere mich an Momente, in denen ich vor Hunger am Ende meiner körperlichen Leistungsfähigkeit die Straße entlanglief und auf einmal geradezu abzuheben schien. Plötzlich fühlte sich alles ganz leicht an. Ich *schwebte* über dem Boden – und über den Dingen. Dieses Gefühl birgt ein ordentliches Suchtpotenzial, und ich bin mir sicher, viele andere Anorektiker werden mir darin zustimmen. Im Endeffekt sind wir Magersüchtigen viel weniger süchtig danach, einfach nur mager zu sein, als vielmehr danach, Kontrolle über uns ausüben zu können, unsere Leistungsfähigkeit unter Beweis zu stellen und dafür regelmäßig mit besagtem Euphorie-Schub »belohnt« zu werden. Und diese Sucht hält uns in der Krankheit gefangen und lässt nicht wenige sogar mit dem Leben dafür bezahlen.

7

ALLES KÄSE

Ich sollte eine Karriere als Zauberkünstlerin anstreben. Kaum jemand kann kleine Kalorienbomben so schnell und unauffällig »verschwinden« lassen wie ich. Der Trick mit der Salatbeilage war ja nur die Kirsche auf dem Sahnehäubchen …

Ich machte es mir zur Gewohnheit, meine Outfits um meine Strickjacken herum zu planen. Strickjacken haben Taschen und fungierten daher als meine persönlichen »Sicherheitswesten« gegen *Angriffe* durch Nahrungsmittel. Noch heute muss ich mit dem Kopf schütteln, wenn ich den Kleiderschrank öffne: Ich besitze 37 Strickjacken in allen erdenklichen Schnitten und Farben. Sofern Sie Size Zero tragen (was Sie natürlich nicht tun sollten), kommen Sie doch vorbei und holen sich eine ab, wenn Sie möchten – ich kann die Dinger nicht mehr sehen. Sie sind alle frisch gewaschen, und das aus gutem Grund:

Wie die meisten großartigen Errungenschaften der Menschheit entstand auch meine »großartige« Erfindung aus einem Zufall heraus: Ein Abendessen mit Daniels Vater Gerd und seiner Stiefmutter Annette stand an, und ich traf entsprechend angespannt in dem verabredeten indischen Restaurant ein. Die Speisekarte hatte ich mir zuvor aufs Smartphone heruntergeladen, damit ich in aller Ruhe meinen Nährwertrecherchen nachgehen konnte. Nun warf ich nur einen flüchtigen Blick auf das Menü und wählte scheinbar achtlos irgendein Gericht aus. Dass mich die Wahl meines Abendessens daheim beinahe zwei Stunden gekostet hatte, weil die 120 Gerichte auf der Karte durchkalkuliert werden mussten, behielt ich lieber für mich.

Lassen Sie sich das mal auf der Zunge zergehen: Mir war bewusst, dass mein Verhalten gelinde gesagt *inadäquat* war, und ich betrieb nach außen hin ein kräftezehrendes und aufwendiges Versteckspiel. Mein körperlicher Zustand verschlechterte sich, ich ermüdete schnell, war launisch, hatte oft Konzentrationsschwierigkeiten und fror ständig. Bis zum heutigen Tag finden sich an meinem Körper Spuren von Brandwunden, die ich mir durch den häufigen Gebrauch kochend heißer Wärmflaschen zuzog. Gleichzeitig aber empfand ich mein Handeln als vernünftig und meinem Wohlbefinden zuträglich. Es war mir, als hütete ich das Wissen um eine geheime Wahrheit, die kein anderer zu begreifen vermochte.

Als der Kellner den Teller vor mir abstellte, brach mir der kalte Schweiß aus. Hatte ich ihm eine falsche Nummer genannt? Ausgeschlossen, so ein grober Fehler wäre mir niemals unterlaufen. Entsetzt begutachtete ich das Gericht, das sich laut Karte aus Reis, gekochtem Brokkoli und Blumenkohl sowie – wichtig – Salatbeilage zusammensetzte. Nun aber erspähte mein geschultes Auge außerdem noch eine großzügige Anzahl an Rahmkäsewürfeln auf dem Teller. Früher hatte ich diesen gern gegessen, aber nun war er für mich ein regelrechtes *Teufelszeug*, da er mit mindestens 350 Kalorien pro 100 Gramm zu Buche schlug, vom hohen Fettgehalt ganz zu schweigen. Sofort meldete sich mein innerer Lügenbaron mit dem Befehl: »Laktose-Unverträglichkeit erfinden!« Ich hob den Kopf und wollte den anderen gerade mein neuestes Märchen auftischen, als mein Blick Daniels Vater traf. Einem Gastroenterologen eine Laktoseintoleranz vorzuspielen, von deren Symptomatik ich eigentlich nicht den blassesten Schimmer hatte, traute ich mir dann doch nicht zu. Mir war lediglich einmal zu Ohren gekommen, dass Betroffene unter schmerzhaften Blähungen litten. Das Familienessen mit solcherlei Geschichten zu untermalen, stellte für mich, Magersucht hin oder her, keine Option dar.

Gut, dann eine andere Variante: Über Geschmack lässt sich ja bekanntermaßen nicht streiten, und so setzte ich bereits zum Sprechen an, um meine angebliche gustatorische Abneigung gegen indischen Panir kundzutun, als Daniel mir zuvorkam: »Wie schön, dass hier der Käse serviert wird, den du so gerne isst!«, sagte er fröhlich und deutete auf mein Essen. Ich warf ihm einen vorwurfsvollen Blick zu, auf den er (verständlicherweise) mit irritiertem Blinzeln reagierte. Umgehend inspizierten Gerd und Annette meinen Teller. »Wirklich schön, lass es dir schmecken«, bestätigte Daniels Stiefmutter, die mir gegenübersaß. Ihr Tonfall beinhaltete eine merkwürdige Schärfe und ihr Blick etwas Prüfendes.

Sie, ebenfalls Ärztin, hatte in den vergangenen Wochen ein paar Mal vorsichtig versucht, Gespräche zwischen uns auf das Thema Körpergewicht zu lenken. Aber was das betraf, war ich schwerer zu fassen als ein Aal und hatte mich erfolgreich um eine solche Unterhaltung herumgewunden. Nun hatte sie ein strenges Lächeln aufgesetzt und nickte mir auffordernd zu, offenbar gewillt, unmittelbar Zeugin meines Käse-Verzehrs zu werden. Ich grinste debil und pikte angespannt mit der Gabel in meinem Gericht herum. Annette beobachtete mich nach wie vor, und so sah ich mich gezwungen, tatsächlich ein Käsestückchen aufzuspießen und mir in den Mund zu helfen. Ich kaute darauf herum wie auf einer Schuhsohle, verschluckte mich und dadurch auch den unseligen kleinen »Fettwürfel« und hustete. »Lecker«, gab ich krächzend von mir und ließ ein irres Kichern hören, das mich selbst befremdete. Annette wandte stumm den Blick ab und widmete sich ihrem eigenen Teller. Alle spachtelten zufrieden, und ich schob die Zutaten meines Abendessens mit dem Besteck von einer Ecke in die andere. Hin und wieder gönnte ich mir einen Happen Gemüse, während ich schwitzte wie ein Brunnenputzer, weil mir partout nicht einfallen wollte, wie ich das Käseproblem lösen konnte. Die Salatbeilage war definitiv zu klein für die große Portion Kalorien, die es darunter zu verbergen galt. Dann kam mir der Zufall zu Hilfe. Annettes Handy klingelte, sie sah auf das Display und seufzte. »Sorry, die Arbeit ruft«, entschuldigte sie sich, stand auf und entfernte sich einige Schritte, während sie den Anruf entgegennahm. »Da ich gerade das Telefon gesehen habe, fällt mir etwas ein, was ich dir zeigen wollte«, sagte Gerd nun zu Daniel, zog seinerseits das Smartphone aus der Tasche, und die beiden richteten ihre Aufmerksamkeit auf das Gerät.

Endlich war ich unbeobachtet und scannte rasch die Umgebung unseres Tischs nach einem Panir-Versteck ab. Weder Pflanzenkübel noch Deko-Schalen waren in Reichweite. Die Zeit rannte mir davon, und so schob ich kurzerhand in Windeseile den Käse auf dem Teller zusammen, schirmte diesen ab, indem ich mit ausladender Geste nach meinem Getränk griff, und klaubte mit der anderen Hand die Würfel auf, die ich hektisch in die Tasche meiner Strickjacke stopfte. Schnell ließ ich noch möglichst viel Reis unter den Eisbergsalat wandern und atmete erleichtert aus. Daniel sah zu mir herüber und fragte heiter: »Warum stöhnst du, Schatz?« – »Ach nichts«, gab ich nun deutlich entspannter zurück, wobei ich mir die Finger an der Serviette abwischte, »ich bin nur so pappsatt.«

Als Nächstes suchte ich das WC auf, wo ich den Käsematsch aus meiner Jacke befreite und im Klo herunterspülte. Als ich mir die klebrigen Hände säuberte, wurde mir schwarz vor Augen. Mir war schwindlig vor Hunger. Ich stützte mich vornübergebeugt auf dem Waschbeckenrand ab und wartete darauf, dass mein Kreislauf wieder in Schwung kam. Nach einigen Minuten war der Spuk vorbei, ich machte mich so gut wie möglich frisch und ging zurück in den Gastraum. Mein Blick fiel auf die Wanduhr: 19 Uhr. Vor 11 Uhr des nächsten Tages würde ich meinem selbstkasteienden Regelwerk zufolge keine Nahrung mehr zu mir nehmen können. Da wäre ich bereits fünf Stunden auf den Beinen und seit drei Stunden bei der Arbeit im Verlag. Wenn das mal keine Herausforderung ist, dachte ich bei mir. Der Grat ist schmal dazwischen, einen großen Sportsgeist zu besitzen und von allen guten Geistern verlassen zu sein.

8

GEMÜSE MIT SEEPFERDCHEN

Gegen neun Uhr abends kamen wir nach Hause. Ich beförderte die Strickjacke in den Wäschekorb, zog meinen Pyjama an und putzte mir die Zähne. Ich musste umgehend schlafen gehen, anders ließe sich der Hunger nicht mehr ertragen. Daniel hatte es sich im Wohnzimmer vor dem Fernseher gemütlich gemacht und schaute nun verdutzt drein, als ich in der Tür stand und ihm eine gute Nacht wünschte. »Du gehst schon ins Bett? Gleich kommt doch die Dokumentation, die du so gern sehen wolltest!« – »Die ist mir nicht so wichtig, und außerdem habe ich Kopfschmerzen.« Oha, zwei Unwahrheiten in nur einem Satz. Das Lügen lief mittlerweile wie das Brötchenbacken – auch wenn der Vergleich hinkt, da ich »natürlich« niemals solch kohlenhydratreiche Backwaren zubereitet hätte.

Daniel kam zu mir herüber und nahm mich liebevoll in den Arm. »Du frierst doch immer. Soll ich dir eine Wärmflasche machen?« – »Nein, danke. Ich lege mich einfach sofort hin, und morgen geht es mir wieder besser«, erwiderte ich und ging ins Schlafzimmer. Mein Freund stand am anderen Ende des Flurs und warf mir einen Handkuss zu, bevor ich die Tür ins Schloss fallen ließ. So besorgt und fürsorglich er sich auch jederzeit mir gegenüber zeigte – mein Gewichtsverlust blieb unkommentiert. Die Waage zeigte 47 Kilo.

Ich lag im Bett und hielt mir den vom Hunger schmerzenden Magen. Daniel saß auf der Couch und schaute sich die Sendung an, die auch ich unbedingt hatte sehen wollen. Durch die Tür drangen die gedämpften Geräusche des Fernsehers an mein

Ohr. Und in mein Herz. Krankheit macht einsam – nicht nur den Kranken.

Der Wecker riss mich früh am Morgen aus den Träumen, und während ich schlaftrunken vorm Kleiderschrank stand, fiel mir siedend heiß ein, dass heute im Verlag die Geburtstagsfeier einer Kollegin anstand. Dass ich kein Geschenk besorgt hatte, juckte mich nicht – ich kreiste ohnehin nur noch um mich selbst. Das Problem war das Buffet, das in ihrem Büro auf uns Gäste wartete. Nachdem ich am vorangegangenen Abend bereits nicht umhingekommen war, einige Kleckse Sahnesoße und ein paar Reiskörner zu mir zu nehmen, war es ausgeschlossen, heute erneut eine solche Fettlebe zu betreiben!

Da fiel mir mein genialer Trick wieder ein, und ich schnappte mir meinen XXL-Cardigan, den ich besaß, weil die Mode seit einiger Zeit die Meinung vertrat, chic sei, was nicht passt. Seither schlurften Horden junger und junggebliebener Leute in viel zu engen Skinny-Jeans und viel zu weiten Oberteilen durch die Gegend und sahen aus wie die gelbe Zeichentrickfigur Sponge-Bob aus dem Kinderfernsehen. Der Mensch ist bekanntlich ein Rudeltier, und so kaufte auch ich brav eine Zelt-Jacke aus Grobstrick. In deren überdimensionierten Taschen hätte ich bequem eine weitere Jacke verstauen können, und das war genau, was ich nun brauchte.

Derart gewandet beglückwünschte ich im Verlag das Geburtstagskind und ließ mich großzügig mit Häppchen versorgen. Ich schlenderte durch das Büro und trug dabei ostentativ meinen vollen Teller vor mir her. Alle Kollegen sollten sehen, dass ich aß, *glauben*, dass ich aß, und somit keinen Grund für irgendwelche Mutmaßungen hinter meinem Rücken haben, oder schlimmer noch: mich mit diesen persönlich konfrontieren. Ich hielt hier wie dort einen Small Talk, der stets in der Tat sehr *small* ausfiel, weil nicht auffallen sollte, dass ich während des Gesprächs nicht wie mein Konversationspartner gelegentlich ein Horsd'œvre verzehrte. Schließlich stellte ich mich mit dem Rücken zur Feiergesellschaft an das große Bürofenster und erfreute mich vorgeblich am schönen Ausblick. Derweil präparierte ich mein Strick-Ungetüm, wobei mein Fokus darauf lag, dass die Taschen möglichst weit offen standen. Dann hielt ich den Pappteller dicht vor meinem Oberkörper, knickte ihn vorsichtig in der Mitte und ließ alles darauf Befindliche in die Taschen hineingleiten.

Ich beendete die Schmierenkomödie, indem ich den leeren Teller wie eine Trophäe über meinem Kopf hin und her schwenkte und mich mit lautstark nach dem Standort des Mülleimers erkundigte. Dieser befand sich, wie ich sehr wohl bemerkt hatte, an der gleichen Stelle wie eh und je, und hätte er das nicht getan, wäre mir sein neuer Platz ebenfalls bekannt gewesen – jeder »anständige« Magersüchtige, der sich dem Angstgegner Buffet ausgesetzt sieht, sondiert sofort die Lage nach dem nächsten Abfalleimer.

Es war bereits nach elf Uhr, und ich suchte ein paar Türen weiter die Toilette auf, wo ich die Häppchen in die Schüssel verabschiedete. Bevor Sie fragen: Die Antwort lautet »Ja«. Ich bedauerte die Verschwendung des Essens ehrlich, zumal sich gerade noch eine verspätet eingetroffene Kollegin bekümmert zeigte, weil bei ihrer Ankunft ihre geliebten Lachsröllchen bereits alle waren. Den Fisch hatte ich nun wieder in seinem natürlichen Lebensraum ausgesetzt, wo er scheibchenweise umhertrieb, bevor ich die Spülung betätigte. Von Herzen hätte ich meiner Kollegin ihren kulinarischen Hochgenuss gegönnt, aber ich konnte ja schlecht meine Taschen auf ihren Teller ausleeren und großzügig sagen: »Bedien dich!«

Auch hörte ich in Gedanken meine Mutter mit wohl einem der typischsten Mütter-Sprüche: »*Du* isst nicht auf, und die armen Kinder in Afrika müssen verhungern!« Ich habe noch nie kapiert, wie es den dortigen unterprivilegierten Heranwachsenden helfen oder zumindest die Dramatik ihrer Situation mildern soll, wenn *ich* mir hier in Westeuropa den Wanst vollschlage. Trotzdem wurde ich nun daran erinnert und schämte mich.

Minutenlang stand ich so sinnierend in der Klo-Kabine, bevor ich wieder zu mir kam und begann, die Innenseiten meiner Taschen mit Toilettenpapier auszuwischen. Als ich diese ins Klosett warf, schaute ich kurz in jenes hinein und sah trotz bereits gezogener Spülung etliche Essensreste an der Wasseroberfläche treiben. Ich betätigte erneut die Spültaste und wartete, bis die entstandenen Schaumbläschen zerplatzten und den Blick auf den nun hoffentlich leeren Lokus freigaben. Das Toilettenpapier hatte sich ordnungsgemäß auf den Weg in die Kanalisation begeben, aber Salatblättchen, Sprossen und Co. hatten weiterhin »Oberwasser«. Kacke. Obwohl nein – der Anblick von *Kacke* wäre mir in diesem Moment deutlich lieber gewesen als der von Speiseresten. Scheiße im Klo zu hinterlassen: peinlich. Essen im Klo zu hinterlassen, von dem jeder denken soll, man habe es verzehrt: *extrem* peinlich. Nicht, dass jemand noch auf die absurde Idee kam, ich hätte eine Essstörung!

Ich drückte wieder und wieder auf die Klospülung, als hätte ich einen Krampfanfall, und verschwendete nun neben dem Essen noch weitere wertvolle Ressourcen in Form von unzähligen Litern Wasser, die in Afrika wahrscheinlich ebenfalls sinnvoller hätten genutzt werden können. Eines stand fest: Das Grünzeug im Klo konnte auf jeden Fall besser schwimmen als ich. Nun blieb mir keine Wahl außer einem buchstäblichen Griff ins Klo. Ich rollte ein paar Lagen Toilettenpapier ab und hielt diese in der einen Hand bereit, während ich mit der anderen in das Porzellanmöbel langte und stückchenweise die verschmähten Speisen wieder ins Trockene beförderte. Als ich mit dieser demütigenden Prozedur fertig war, wickelte ich das so entstandene Päckchen in eine weitere Schicht Klopapier und entsorgte es im Hygiene-Eimer. Wenn Horsd'œvres sprechen könnten, hätten sie von einem ereignisreichen Tag berichten können. Glücklicherweise können sie aber nicht – und so kannte bis jetzt niemand ihr trauriges Schicksal.

Ich hatte es jetzt recht eilig, in das Büro der studentischen Hilfskräfte zu kommen, wo mein Handhygienegel auf mich wartete, und stürmte aus dem WC, vor dem ich dem Geburtstagskind in die Arme lief. »Du bist ja immer noch da!«, rief Ute erstaunt aus. »Ich … Ja. Ich bin immer noch da. Wo soll ich denn sonst sein?«, gab ich zurück und musste mir eingestehen, dass es um meine Schlagfertigkeit auch schon mal besser bestellt war. Ute zog die Augenbrauen hoch und machte einen Vorschlag: »Na, im Büro vielleicht?« In der Tat war dieser Gedanke *so* abwegig nicht. In Ermangelung einer zumindest halbwegs sinnvollen Antwort entfleuchte mir erneut das irre Kichern, welches mir beim gestrigen Abendessen schon sauer aufgestoßen war. Ich folgte Utes nun sichtlich irritiertem Blick und stellte fest, dass ich unwillkürlich den Arm, mit dem ich kurz zuvor in der Schüssel herumgefischt hatte, in auffälliger Weise von mir abspreizte. Die so gezeigte Geste mutete pathetisch an – vergleichbar mit der eines Papstes, der beim Weihnachtsgottesdienst zu seinem Segen *urbi et orbi* ausholt. Der Arm musste da schleunigst weg, und ich vollzog automatisch eine bekannte Übersprunghandlung: Ich fuhr mir mit der Hand durch die Haare. Augenblicklich wurde mir gewahr, was ich da gerade getan hatte, und ich musste einen Schreckensschrei unterdrücken. »Alles in Ordnung mit dir?«, fragte Ute nun ernstlich besorgt. Endlich eine Frage, auf die ich die passende Reaktion parat hatte: »Absolut!«, sagte ich ein wenig zu laut, aber im Brustton der Überzeugung. »Ich mach mich jetzt wieder an die Arbeit und dir den Weg zur Toilette frei. Also hereinspaziert, ist auch alles sauber, habe ich selbst überprüft«, hörte ich mich plappern, während ich mich an Ute vorbeischob und schon in Richtung Büro davoneilte.

Ich ließ mich auf den Schreibtischstuhl fallen und kramte das Hygienegel aus der Schublade. Großzügig verteilte ich es auf Händen und, ja *wirklich*, Haaren, weil mir vor Ekel die Kopfhaut kribbelte, seit ich mit der »Klo-Hand« durch sie hindurchgefahren war. Lieber Desinfektionsmittel auf dem Schädel als Kolibakterien. Nachdem ich meinen Kopf mit dem Sterilium massiert hatte, ließ ich die Hände sinken und staunte nicht schlecht über die Haarbüschel, die ich darin vorfand. Bereits seit einiger Zeit litt ich unter Haarausfall. Woher mochte der kommen …? Jaja, jetzt sitzen *Sie* natürlich da und denken sich, die Antwort wäre – gerade in Anbetracht meiner jüngsten Lebensmittelvernichtungsaktion – doch offenkundig. … Vielleicht lässt sich das Phänomen, dass sich *mir* keineswegs die korrekte Antwort eröffnen wollte, mit der Spielshow *Wer wird Millionär?* vergleichen. Zu Hause auf dem Sofa haut man eine richtige Lösung nach der anderen raus, aber der Kandidat auf dem Stuhl gegenüber von Jauch kann anscheinend Eins und Eins nicht zusammenzählen. Die Fernsehsendung und die Magersucht haben eine Gemeinsamkeit: Wenn man mittendrin steckt, kommt man nicht drauf.

So saß ich am Schreibtisch, scannte Unterlagen, knabberte an meinen mitgebrachten Babykarotten und wunderte mich darüber, wie alles so kommen konnte, wie es eben gekommen war.

9

PORNOS FÜR ESSGESTÖRTE

Ich hatte mich kurzerhand dazu entschlossen, früher Feierabend zu machen. Wer kann es mir angesichts des WC-Fiaskos verdenken? Mir war speiübel, und diesmal war tatsächlich nicht der Hunger ursächlich dafür … Außerdem bot sich mir durch das frühe Heimkommen die Gelegenheit, in Ruhe etwas zu essen, ohne mich dabei Daniels Blicken ausgesetzt zu sehen, der noch in der Uni war. Das ist auch so ein Anorektiker-Ding, glaube ich: Ständig hat man den Eindruck, alle beobachteten einen bei der Nahrungsaufnahme. Falls irgendein Psychologe das hier liest: Können Sie mir verraten, ob ein Zusammenhang zwischen Essstörungen und Paranoia besteht? Es würde mich nicht wundern.

Was meinen Freund betraf, gab es wirklich keinen Anlass zu der Befürchtung, er könnte meinem Essverhalten besondere Aufmerksamkeit widmen. Er war leichter auszutricksen als ein durchschnittlich begabter Vierjähriger, dem Opa auf der Familienfeier eine Münze hinter dem Ohr hervorzieht. Lieber Daniel: Das soll kein Seitenhieb sein! Natürlich ist es schwer, Tricks zu entlarven, deren Existenz man nicht einmal *erahnt*. Und wer ahnt schon, dass einen ausgerechnet die eigene Freundin stets und ständig hinters Licht führen will?

So fiel ihm nie auf, dass ich bei gemeinsamen Mahlzeiten stets einen Topf direkt zwischen uns auf dem Tisch abstellte und dadurch eine Sichtbarriere errichtete wie ein Grundschullehrer beim Diktat. Daniel misst über 1,90 Meter und hatte daher naturgemäß stets einen guten »Überblick«. Mein Sichtschutz musste dementsprechend hoch sein. Im Laufe der Zeit habe ich daher eine ganze Reihe absurd großer Töpfe angesammelt und könnte mich heute beruflich dank dieser Utensilien auf die industrielle Nahrungsproduktion verlegen.

In dem großen Bottich zwischen uns trieben dann ein paar Kartoffeln und Blumenkohlröschen umher. Das Gemüse hatte in dem Topf mehr Platz als ein Graskarpfen im Baggersee. Ich angelte ausschließlich nach dem Blumenkohl, da stärkehaltige Kartoffeln natürlich nicht auf meinem Speiseplan standen, und beträufelte diesen mit einer homöopathischen Dosis Soße. Dazu nahm ich mir ein gekochtes Ei, wobei ich mich beim Schälen desselben absichtlich derart grobmotorisch präsentierte, dass der Löwenanteil des Eis an der Schale hängen blieb und in den Abfall wanderte. Gut abgeschirmt konnte ich dann mein asketisches Mahl einnehmen und Daniel selbstlos eine weitere Portion Soße offerieren.

Doch zurück zu meinem spontan verkürzten Arbeitstag: Selbstverständlich war ich wieder einige U-Bahn-Stationen früher ausgestiegen, um einen »gesunden« Spaziergang zu machen, und kam erschöpft zu Hause an. Dort fütterte ich erneut den Wäschekorb mit einer Strickjacke und ging in die Küche. Meine Essstörung gestattete mir nun, etwas zu mir zu nehmen. Es war 14:15 Uhr, und ich hatte außer ein paar Möhrchen noch nichts intus. Doch bevor ich mich der Nahrungsaufnahme widmete, schmiss ich mir einen Porno an. Der läuft um diese Zeit täglich im ZDF und heißt *Küchenschlacht*. Wann immer ich konnte, sah ich mir die Sendung an, beeindruckt von all den kalorienreichen Zutaten, die dort zu den köstlichsten Gerichten verarbeitet wurden, die anschließend ein Sternekoch als Juror seinem Urteil unterzog. Wie beim Pornoschauen empfand ich eine Mischung aus Abscheu, Begierde und Faszination, wenn ich das Treiben der Hobbyköche vor dem Fernseher verfolgte. Magersüchtig zu sein bedeutet nämlich keinesfalls, dass die Betroffenen alles rund ums Thema Essen für sich *ausklammern* – im Gegenteil: Wir beschäftigen uns regelrecht obsessiv mit Lebensmitteln. Und ebenso wie unerfüllte sexuelle Wünsche zu Fantasien anregen, lassen uns die sprichwörtlichen »verbotenen Früchte« träumen.

So sah ich zu, wie es in den Töpfen und Pfannen im TV-Studio dampfte und brutzelte, beschloss, nach dem unvorhersehbar anstrengenden Tag großzügig mir gegenüber zu sein, und griff nach einem Brötchen. Ich schnitt es auf und machte mich an die Arbeit: Ich entfernte das komplette Innenleben. Und wenn ich »komplett« schreibe, *meine* ich das auch. Der weiche Brötchenkern ließ sich einfach heraustrennen, dann aber war Feinmechanik gefragt. Ich kratzte und rieb so lange an der armen Schrippe herum, bis sie im wahrsten Sinne des Wortes nur noch die Hülle ihrer selbst war. Erst, wenn ich die Teigware derart ausgehöhlt hatte, dass das Licht durch sie hindurchschien, ließ ich von ihr ab. Auf die durch diese Prozedur zusätzlich halbierten Hälften trug ich hernach 0,1-%-Joghurt auf, den ich mithilfe von Flüssigsüßstoff und Zimt zu einer Süßspeisen-Imitation aufpimpte. Hätte ich mich mit dieser Eigenkreation bei der *Küchenschlacht* beworben, wäre dem Juroren wohl nichts anderes eingefallen, als sich nach einer versteckten Kamera umzuschauen. Oder jemand hätte mich von den Männern in den weißen Kitteln abholen lassen. Letzteres hätte mir wahrscheinlich nicht zum Nachteil gereicht und auch der Einschaltquote gutgetan. Schade eigentlich, dass ich dort nicht aufgetreten bin.

Stattdessen saß ich allein am heimischen Küchentisch, und der wässrige Joghurt floss mir beim Essen über die Hände und das Kinn herab. Tisch und Teller waren ebenfalls besudelt, da ich beim Aushöhlen des Brötchens versehentlich einige Löcher hineingebohrt hatte und der Joghurt durch diese zu entwischen versuchte. Was für einen absurden Anblick ich da bieten mochte, war mir nicht bewusst. Ich konzentrierte mich voll und ganz auf mein Brötchen, malte mir aus, es sei dick mit Schoko-Creme oder Honig bestrichen, und schaute meinen »Food-Porn«.

Als ich fertig war und die Sauerei entfernt hatte, verriet ein Blick auf die Uhr, dass mir noch Zeit für eine heimliche Jogging-Einheit blieb, bevor Daniel nach Hause käme. Meine immer häufiger und länger werdenden Laufrunden blieben nämlich im Gegensatz zu meinen Ernährungsgewohnheiten *nicht* unbemerkt und leider auch nicht unkommentiert. Des Öfteren hatte mein Freund bereits die in meinen Ohren völlig unbegründete Behauptung aufgestellt, ich übertreibe es mit dem Sport. Und vor Kurzem hatte er in diesem Zusammenhang sogar gesagt, ich würde zusehends dünner werden und das gefiele ihm nicht. Angriff ist bekanntlich die beste Verteidigung, und daher unterstellte ich ihm, er sei nur neidisch, dass ich meinen inneren Schweinehund im Griff hatte und sportlich aktiv war, während er vor dem PC hockte und Gummibärchen naschte. Zudem behauptete ich, kaum abgenommen zu haben, und attestierte ihm dreist eine Sehschwäche. Daniels großes Harmoniebedürfnis ließ ihn rasch nachgeben. Ein eigentlich grundsympathischer Wesenszug, den meine Magersucht jedoch gnadenlos auszunutzen wusste und der ihr beim Wachsen und Gedeihen behilflich war.

Obwohl ich in Diskussionen also meistens das letzte Wort hatte, wollte ich zumindest solche um die Themen Sport und Figur vermeiden. Also joggte ich, wie Alkoholiker trinken: heimlich. Ausgerüstet mit Schritt- und Kalorienzähler, diese in Plastikgehäusen verpackten *Einladungen* in Fitness- und Gesundheitswahn, rannte ich bis zur völligen Erschöpfung die Straßen auf und ab, sobald sich die Gelegenheit dazu bot. Bot sich keine, schuf ich sie mir. Mehr als einmal verabschiedete ich meinen Freund allein zu Verabredungen, die wir eigentlich gemeinsam einhalten wollten. Schamlos schob ich angebliche Abgaben in der Uni oder Migräne als Grund für mein Daheimbleiben vor. Kaum war er aus der Tür, warf ich mich in die Laufklamotten und hetzte los. Lieber *eine* Stunde joggen als ein ganzer Abend mit Freunden.

Und da erzähle mir noch einmal irgendein Idiot, Magersüchtige suchten mit ihrer Krankheit nur nach Aufmerksamkeit. Zu oft habe ich mir diesen Unsinn anhören müssen, um jetzt nicht mal meinen Senf dazuzugeben: Die Magersucht will keine Aufmerksamkeit. Sie will genauso im Verborgenen agieren, wie alle Suchterkrankungen es tun. Und meistens bringt sie auch kein *Mehr* an Aufmerksamkeit – denn kaum jemand traut sich, das sensible Thema anzusprechen. Besonders, wenn Erwachsene betroffen sind und nicht Heranwachsende, bei denen die Eltern Hilfsmaßnahmen, notfalls unter Zwang, anberaumen können. Patienten mit Anorexie sind häufig genauso isoliert wie etwa Alkohol- oder Spielsüchtige. Und genauso beschämt.

Na dann, raus aus den Klamotten und rein in die Laufschuhe – das böse Brötchen musste zügig wieder ausgeschwitzt werden. Eine Stunde später traf ich mit hochrotem Kopf und dem erwünschten Energiedefizit wieder in der Wohnung ein, sprang unter die Dusche und ließ mich aufs Sofa fallen. Kurz danach kam Daniel zur Tür herein. »Schatz, *du* auf der Couch? Das habe ich ja ewig nicht mehr gesehen«, rief er freudig überrascht. »Ich habe heute früher Feierabend gemacht und mir mal einen entspannten Nachmittag gegönnt«, log ich, ohne mit der Wimper zu zucken. Dann schoss mir ein Gedanke in den Kopf, und ich witterte meine Chance. »Ich liege hier bereits seit Stunden«, weitete ich meine fiktionale Erzählung aus, »und im Büro habe ich ja ausschließlich gesessen. Ein bisschen Bewegung würde mir sicher guttun, und die Sonne scheint so schön. Vielleicht können wir ja noch eine Runde spazieren gehen?« Ich strahlte ihn an wie ein Honigkuchenpferd und wusste, dass Daniel sich gegen diesen Gesichtsausdruck kaum zur Wehr setzen konnte. Und in der Tat lächelte er mich jetzt breit an und sagte: »Na gut. Dann machen wir uns mal auf die Socken, und unterwegs kaufen wir uns ein Stück Kuchen.« Prompt sprang ich vom Sofa, auf dem ich mich erst vor wenigen Minuten niedergelassen hatte. Also wieder raus aus den Klamotten und rein in die Laufschuhe. Über den »angedrohten« Kuchen machte ich mir keine Sorgen – ich würde einfach behaupten, ich hätte mir bereits bei der Feier im Verlag den Bauch mit Geburtstagstorte vollgeschlagen.

10

GEWICHTIGE ÄHNLICHKEITEN

Am folgenden Samstag war ich für meine erste Schicht bei Brautmoden Plus eingeteilt. In den ersten Monaten des Jahres ist der Kundenandrang stets groß, da Hochzeiten am liebsten im Sommer gefeiert werden und das Brautkleid natürlich nicht erst auf den letzten Drücker gekauft wird. Draußen war es noch immer bitterkalt, und die Berliner Straßen waren mit graubraunem Schneematsch überzogen.

Ich staunte nicht schlecht, als ich das Geschäft betrat und den Laminatboden mit Malervlies ausgelegt vorfand. »Renovieren wir heute?«, begrüßte ich Frau Schneider mit Blick auf die Auslegware. Sie schüttelte lachend den Kopf. »Quatsch, so verhindere ich, dass die Damen mir den ganzen Dreck in den Laden tragen. Wenn sie dann in den langen Kleidern hier umherlaufen, könnte der Saum schmutzig werden.« Ich nickte verständig, konnte aber mit dem Baustellen-Charme nicht viel anfangen und hatte sogleich eine Alternative parat: »Warum kaufen Sie nicht solche Überzieher für die Schuhe, wie sie in Krankenhäusern oder Museen manchmal getragen werden?« Frau Schneider machte eine wegwerfende Handbewegung. »Die habe ich schon einmal besorgt, aber schnell eingemottet. Es fällt unseren Kundinnen sehr schwer, die anzuziehen. Es gab dadurch einige Stürze, und eine Frau hat sich eine Platzwunde am Kopf zugezogen, als sie bei dem Versuch, sich die Dinger überzustreifen, vornüber gefallen ist.« Ich verstand nur Bahnhof. Was war denn bitte so kompliziert daran, Schuhe mit einer Plastikhülle zu versehen? Meiner Unwissenheit sollte bald Abhilfe geschaffen werden – der erste Termin des Tages kündigte sich just durch ein Klopfen an.

Frau Schneider öffnete die Tür und ließ die drei Endzwanzigerinnen herein. Es war normal, dass die Kundinnen mit Entourage kamen. Dieses besondere Shopping-Erlebnis teilte man doch gern mit Mutter, Schwester, Trauzeugin und Co. Meine Chefin begrüßte zunächst zwei schlanke Gestalten, nach denen schließlich die Dritte im Bunde über die Schwelle der Boutique trat. Sie brachte gut und gerne 150 Kilo auf die Waage. »Sie müssen die glückliche Braut sein!«, rief meine Chefin strahlend und reichte ihr ebenfalls die Hand. Die Angesprochene zog die Augenbrauen zusammen. »Wie kommen Sie denn bitte *darauf*?«, fragte sie in scharfem Tonfall. »Soll das heißen, Sie finden mich dick?« Stille. Frau Schneider öffnete und schloss abwechselnd stumm den Mund wie ein Fisch auf dem Trockenen. Dann brachen die drei Neuankömmlinge unisono in Gelächter aus. »Den Gag haben wir uns auf der Fahrt hierher einfallen lassen!«, japste die beleibte Frau mit Lachtränen in den Augen. »Bitte entschuldigen Sie – aber ihr Gesichtsausdruck war wirklich köstlich!« Erleichtert prustete Frau Schneider nun ebenfalls los, und auch ich musste unweigerlich grinsen.

Nachdem sich die allgemeine Erheiterung gelegt hatte, versorgte ich die Begleiterinnen der heiratswilligen Frau Kampe auf dem Sofa mit Kaffee und Keksen, während die Chefin jene in den separat gelegenen Raum mit den Kleidern führte. Es waren bereits einige Modelle zur Anprobe ausgewählt worden, als ich hinzutrat. »Dann ziehen Sie diese drei erst einmal an, und dann können wir weitersehen, in Ordnung?«, sagte Frau Schneider an die Kundin gewandt. Frau Kampe nickte selig lächelnd. Sie schien kaum den Blick von den Kleidern abwenden zu können, sah sich dann aber im Raum um und inspizierte den Erker, welcher, ausgestattet mit Sitzbank, Spiegel und Kleiderhaken, offensichtlich als Umkleide fungierte. »Wo … Wo ist denn der Vorhang, hinter dem ich mich umziehen kann?«, fragte sie zögerlich. Meine Chefin reagierte routiniert: »Es *gibt* keinen Vorhang, weil wir Ihnen beim Anziehen helfen. Es ist nicht ganz einfach, sich solche opulenten Brautkleider überzustreifen, und außerdem können wir so sichergehen, dass es auf keinen Fall *Ihr* Verschulden ist, wenn ein Schaden an den teuren Stücken entsteht.« Die Kundin sah betreten an sich herunter. Von ihrer guten Laune, die sie mit in den Laden gebracht hatte, war nichts mehr übrig. »Es fällt mir ehrlich gesagt nicht leicht, mich anderen ohne Kleidung zu zeigen«, gab sie zu und wandte sich dann direkt an mich: »Und gerade vor *Ihnen* ist mir das unangenehm. Wenn Sie mich sehen, müssen Sie ja denken …« – »… wie *schön* es wäre, wenn Frau Schneider und ich heute wieder eine Braut glücklich machen könnten, genau«, beendete ich ihren Satz mit fester Stimme, die keinen Widerspruch duldete. Gern hätte ich hinzugesetzt: »*Sie* verstecken Ihr ›zu viel‹ und *ich* mein ›zu wenig‹. Der Unterschied zwischen uns? – Nicht so groß wie die Differenz auf der Waage.«

Meine Chefin nickte mir anerkennend zu, und auch Frau Kampes Gesicht entspannte sich etwas. »Dann wollen wir mal!«, sagte Frau Schneider und klatschte in die Hände. Unsere Kundin ging zum Erker hinüber und entledigte sich ihrer Klamotten, während ich die Schnürung des ersten Brautkleides lockerte, damit es leichter über den Oberkörper gleiten konnte. Dann nahm ich das Kleid vom Bügel und drehte mich zu Frau Kampe um, die mittlerweile bis auf die Unterwäsche ausgezogen war und mit der Chefin ein Gespräch über Hochzeitsvorbereitungen begonnen hatte.

Kurz hielt ich inne und musterte die Ehefrau in spe unauffällig von oben bis unten. Ich besah mir erst ihre fleischigen Arme, dann den voluminösen Bauch, der zu allen Seiten über ihren Schlüpfer herüberhing, und schließlich ihre dicken Schenkel, die ihre Füße im Vergleich zum Rest des Beines geradezu absurd winzig erscheinen ließen. Ist es *das*, wovor ich solche Angst habe? Nötigt mich die Furcht, so auszusehen wie diese Frau, dazu, so wenig zu essen wie irgend möglich?, fragte ich mich. Die Antwort kam prompt: Nein. Ich fand ihr Erscheinungsbild zwar nicht ästhetisch, aber es schreckte mich auch in keiner Weise ab. In meinen Augen hatte ich hier, völlig wertungsfrei, einfach eine dicke Frau vor mir – nicht mehr und nicht weniger. Ich bedauerte geradezu, dass dies nicht des Rätsels Lösung war. Mein Problem hätte sich dadurch zwar nicht in Luft aufgelöst, aber ein Feind, der sich einem offen zeigt, ist doch deutlich leichter zu bekämpfen als einer, der sich im Verborgenen hält, oder?

»Sind Sie bereit?«, fragte Frau Schneider in meine Richtung und riss mich aus meinen Gedanken. »Zu jeder Schandtat!«, versicherte ich ihr, betrat mit dem Kleid im Arm den Erker, und gemeinsam zogen, zupften und schnürten wir an Frau Kampe herum, bis die Robe sich ordnungsgemäß an ihren Körper schmiegte. Unsere Kundin wollte sich noch schnell den Zopf neu binden, bevor sie sich ihren im Vorraum wartenden Freundinnen präsentierte. Als sie sich ins Haar griff, fiel einer ihrer Ohrringe zu Boden. Sie beugte sich nach vorn und bemühte sich angestrengt, mit den Fingern an die Kreole zu reichen. Doch sie stand sich im wahrsten Sinne des Wortes selbst im Weg – ihre Leibesfülle hinderte sie daran, sich ausreichend weit nach unten zu bücken. Augenblicklich erschloss sich mir die Problematik der Überziehschuhe: Die Damen reichten schlicht und ergreifend nicht an ihre eigenen Füße heran. Ich eilte nun um

Frau Kampe herum, um ihr behilflich zu sein, und beugte mich ebenfalls nach unten. Doch da versagte plötzlich mein Kreislauf seinen Dienst, und mir wurde schwarz vor Augen (wohl kaum erwähnenswert, dass ich ohne Frühstück das Haus verlassen habe). Ich stützte mich mit der Rechten an der Wand ab und fasste mir mit der Linken intuitiv an die Stirn. Die Braut hatte sich mittlerweile errötet und außer Atem wiederaufgerichtet. Es war dann Frau Schneider, die den Ohrring aufhob und an seine Besitzerin übergab. Frau Kampe und ich erholten uns kurz und gingen dann gemeinsam in den Vorführraum. Der Unterschied zwischen uns? – Marginal.

11

»LAUF, LALA, LAUF!«

Das nasskalte Wetter ließ mich vor Kälte noch mehr schlottern als sowieso. Aber es missfiel mir noch aus einem weiteren Grund: Bei Schnee und Eis zu joggen ist ein Ding der Unmöglichkeit. Eine Sportpause, bis die Temperaturen wieder anstiegen, kam nicht infrage. Daher musste ich in den sauren Apfel beißen (selbstredend nur im übertragenen Sinn, denn Obst war inzwischen aufgrund seines hohen Fruktosegehalts ebenfalls tabu) und ein Fitnessstudio aufsuchen.

Seit ich denken kann, erzähle ich jedem, der es hören möchte oder nicht, wie sehr ich Muckibuden verabscheue. Den Körperkult, dem die mit Muskeln und Protein-Shakes bepackten Oger dort frönen, fand ich schon immer narzisstisch. Und wenn ich im Sommer die Straße entlangging und durch die Fenster der Fitnesstempel Menschen auf dem Laufband sah, wollte ich ihnen nur zu gern den Weg zum nächsten Park beschreiben. Eine Liste mit Mannschaftssportarten hätte ich auf Wunsch ebenfalls besorgt – dann hätten sie mit ihrem Gehampel und Gestrampel wenigstens ein echtes sportliches Ziel verfolgen können.

Jetzt bedurfte es also eines triftigen Grunds dafür, dass ausgerechnet *ich* mir für diesen Quatsch ein Mitgliedskärtchen ausstellen ließ. Tagelang überlegte ich, welche Mär sich als glaubhaft erweisen könnte, und stolperte dann über einen Zeitungsbericht, der die kommenden Sportveranstaltungen in der Stadt thematisierte. In vier Monaten würde ein Halbmarathon stattfinden, las ich begeistert und wusste sofort: Ich musste meinen

Irrsinn bloß in ein gesellschaftsfähiges Kleid wanden, und schon wäre er legitimiert.

Bald erzählte ich also jedem, der es hören wollte oder nicht, dass ich einen Halbmarathon in Angriff nehmen würde. Ausdauersport – die ungekrönte Königin gesunder körperlicher Ertüchtigung, nicht wahr? Ihr zu Ehren, so referierte ich, spränge ich über meinen Schatten und nähme den Besuch eines Fitnesscenters zähneknirschend in Kauf. Gut, ein bisschen weniger Pathos wäre immer noch genug gewesen, aber ich wollte meiner angeblichen Begeisterung für das geplante Unterfangen angemessenen Ausdruck verleihen.

Ich entschied mich für eine in einem nahe gelegenen Shoppingcenter integrierte Filiale einer Fitnesskette. Ausgerüstet mit Sporttasche und 46 Kilo Lebendgewicht stiefelte ich die Treppe zum Studio hinauf, zu dem die meisten anderen Besucher kurioserweise mit dem Fahrstuhl gelangten. Nachdem die Anmeldeformalitäten erledigt waren, erbot sich ein Mitarbeiter, mir die Nutzung der diversen Foltergeräte zu erläutern. Freundlich wehrte ich ab und bekundete ausschließlich Interesse am Laufen, denn ich wolle ja am Halbmarathon teilnehmen, und Laufen sei ja ohnehin das Gesündeste, weil das Herz-Kreislauf-System angeregt wird und … Na ja, was ich eben immer so erzählte.

Er nahm mich mit in die »Runner's Area«, zeigte mir, wie ich Trainingstempo und -dauer einstellen konnte, und verabschiedete sich. Ich drückte ein wenig auf den Knöpfen herum und entdeckte, dass ich nach Eingabe von Körpergröße und Gewicht auch meinen exakten Kalorienverbrauch und die zurückgelegten Kilometer ermitteln lassen konnte. Ich war verzückt – das Gerät versprach eine deutlich verlässlichere Auswertung meiner Daten als mein Schrittzähler. Das Laufband war der feuchte Traum meiner Essstörung, und wir beide sollten bald »dicke« Freunde werden.

Ich rannte nun oft mehrfach täglich. Frühmorgens, bevor ich zur Uni oder Arbeit fuhr, und nach Feierabend erneut. Natürlich verschwieg ich Daniel gegenüber die Häufigkeit meiner Trainingseinheiten, stopfte meine Laufsachen heimlich in die Handtasche hinein und konnte dann abends unter dem Vorwand, mich den Tag über kaum bewegt zu haben, nochmals eine Joggingrunde absolvieren.

Im Zusammenhang mit Magersucht und Sport bin ich einmal auf den Begriff »Anorexia athletica« gestoßen, der ein hohes Maß sportlicher Betätigung bei gleichzeitiger bewusster Gewichtsreduktion beschreibt. »Anorexia athletica«: Klingt fast wie der Name einer seltenen Pflanze, finden Sie nicht? ... Ist zumindest nicht allzu weit hergeholt – merkwürdige »Blüten« treibt sie nämlich mit Sicherheit.

Zügig knackte ich jetzt die 45-Kilo-Marke. Meine Ernährung bestand aus Salat und tiefgekühltem Wok-Gemüse, aus welchem ich wie das Aschenputtel vor Verzehr auch noch die Erbsen aussortierte, denen ich einen zu hohen Kohlenhydratgehalt bescheinigte. Abends lagen Daniel und ich gemeinsam auf der Couch, und während er eine Tüte Chips in der Hand hielt, hatte ich einen Teller mit Kohlrabi-Scheibchen auf dem Schoß. Gegen halb zehn flüchtete ich vor dem Hunger ins Bett.

Bevor ich mich hinlegte, entfernte ich routiniert wie ratlos büschelweise Haare von meinem Kopfkissen. Eines Abends ließ mir mein Haarausfall keine Ruhe mehr. Ich lag im Dunkeln und zerbrach mir den Kopf über dessen mögliche Ursachen. Plötzlich erinnerte ich mich an ein Buch über die Folgen einer fiktiven Reaktorkatastrophe, das ich einmal gelesen hatte. Dort verloren Menschen, die in der Nähe des explodierten Atommeilers wohnten, ebenfalls ihre Haare. Ich griff nach meinem Smartphone und googelte »Strahlenkrankheit«. Tatsächlich: Zu den Symptomen gehörte Haarausfall. Außerdem zählten auch ein allgemeines Schwächegefühl, Müdigkeit und Hypotonie, also ein niedriger Blutdruck, der mit kalten Händen und Füßen einherging, zu den Anzeichen für die Erkrankung. Hatte ich! Alles!

Sofort öffnete ich einen neuen Tab, um nachzuforschen, wo das nächste Atomkraftwerk ansässig war. Es war rund 350 Kilometer von Berlin entfernt, und es gab keinerlei Berichte über aktuelle oder vergangene Störungsfälle. Ob die Regierung der Bevölkerung vielleicht etwas verschwieg? Derlei Gedanken begleiteten mich in jener Nacht in einen unruhigen Schlaf. In den folgenden Tagen recherchierte ich weiter zu diesem Thema und sah schließlich ein, dass die Strahlenkrankheit als Ursache für meine gesundheitlichen Beeinträchtigungen gelinde ausgedrückt *unwahrscheinlich* war. Das Rätselraten ging weiter seinen sozialistischen Gang.

12

KEKSE IM KOLLEGIUM

Einige Wochen darauf ergab meine morgendliche Gewichts-kontrolle 44 Kilogramm. Schnapszahl!, freute ich mich und schlenderte gut gelaunt vom Bad in die Küche, um Kaffee auf-zusetzen. Kaffee und Kippe: Das beste Rezept gegen Hunger und seit Längerem das einzige, was ich mir zum Frühstück gestattete.

Heute begann mein obligatorisches Praktikum an einem Gymnasium, in dem ich in den kommenden drei Monaten erst-mals selbstständig unterrichten und in den realen Lehreralltag hineinschnuppern würde. Selbst ich sah ein, dass ich mich zer-teilen müsste, um zusätzlich zu dem arbeitsintensiven Prakti-kum mehreren Jobs nachzugehen. Hätte ich mich im wahrsten Sinne des Wortes zerteilen können, hätte ich es getan – allein für das Ergebnis auf der Waage. Konnte ich aber nicht, und daher hatte ich meine Arbeit bei Brautmoden Plus schweren Herzens wieder aufgeben müssen.

Bereits nach wenigen Wochen in der Schule stellte sich her-aus, dass die »typischen« Herausforderungen des Lehrerberufs zwar wirklich anstrengend waren, sich aber für mich nicht außerordentlich problematisch darstellten. Natürlich brütete ich stundenlang über Unterrichtsvor- oder -nachbereitungen und musste im Klassenzimmer meine Autorität verteidigen. Doch viel anspruchsvoller als das war die Zeit, die ich in den Pausen im Lehrerzimmer verbrachte. Kaum ein Tag verging, ohne dass ein Mitglied des Kollegiums mit Kuchen oder Keksen aufwartete. Anfänglich konnte ich mich mit Verweis auf meine Allergien um die süßen Sünden herumwinden, aber eine aufmerksame Kollegin prägte sich tatsächlich ein, welche Lebensmittel mir (angeblich) unverträglich waren, und stand eines Morgens mit schlichtem Mürbeteiggebäck vor mir. Sie zog den Deckel von der Dose und schüttelte das geöffnete Gefäß vor meinem Gesicht, als wäre ich ein Tyrannosaurus Rex, dessen Augen ausschließlich Objekte wahrzunehmen vermochten, die in Bewegung waren. Fröhlich zitierte sie dabei aus der Zutatenliste der Kekse, gegen die ich keine Einwände hervorbringen konnte. »Die habe ich extra für *Sie* gebacken!«, beendete sie ihren Monolog mit heiterer Miene. Wie nett war *das* denn bitte? Ich war ehrlich gerührt – und ehrlich in Schweiß ausgebrochen, denn jetzt führte wirklich kein Weg mehr um einen Keks herum.

Ich bezeugte meine Dankbarkeit, entnahm der Dose ein Stück Gebäck und beförderte es in den Mund. Kauend bekundete ich dessen Wohlgeschmack und streckte zur Bekräftigung meiner Aussage beide Daumen nach oben. Die Kollegin strahlte, informierte mich darüber, dass sie die Kekse auf ihrem Tisch stehen lassen würde und ich mich jederzeit bedienen dürfe. Dann wandte sie sich ab und bot auch den anderen Kollegen davon an. Sofort erhob ich mich von meinem Stuhl und eilte auf die Lehrertoilette. Den zerkauten Keks hatte ich mir mit der Zunge an den Gaumen gedrückt, wo dieser klebte wie eine Scheißhausfliege am Fliegenfänger. Ich stand vorm Spiegel und polkte mühsam die Teigware zwischen den Zähnen hervor, die ich in das bereitgelegte Klopapier wickelte. Die Sache mit dem Herunterspülen hatte ich aufgegeben – ich war ja lernfähig …

Um sicherzugehen, dass sich auch ja kein einziges Zuckerkristall auf den verbotenen Weg in meinen Magen-Darm-Trakt machte, gurgelte und spülte ich mehrfach mit Wasser nach. Mit einem noch sauberen Blatt Toilettenpapier wischte ich mir den Mund ab. Just in diesem Moment kündigte die Schulklingel den nahenden Stundenbeginn an. Ich lief zurück zu meinem Platz, schnappte mir meine Unterlagen und ging in meine Klasse. Als ich gerade die Kinder begrüßen wollte, die bereits an ihren Tischen saßen, raunte Oskar mir aus der ersten Reihe heraus zu: »Frau Sarand, Sie haben da was …« Er tippte sich ans Kinn, woraufhin ich an mein eigenes fasste. Ein weißer Papierfetzen fiel mir in die Hand. Ich schüttelte ihn ab und sagte ohne nachzudenken: »Ach ja, das ist nur Klopapier.« Oskar lupfte die Augenbrauen. »Klopapier? Im *Gesicht*?«, fragte er bass erstaunt. Ups, da war ich doch vor lauter Schreck glatt einmal ehrlich gewesen. »Äh, nein, natürlich nicht. Also das war …«, geriet ich ins Rudern und entschloss mich dann zur Berufung auf meine Autorität: »Das geht dich überhaupt nichts an. Warum liegt eigentlich dein Buch noch nicht auf dem Tisch?« Der arme Oskar warf mir einen beleidigten Blick zu, bückte sich nach seinem Schulranzen und kramte das Printprodukt daraus hervor. Die Stunde konnte beginnen.

Als ich am frühen Nachmittag die Wohnungstür hinter mir ins Schloss fallen ließ, überraschte Daniel mich mit seiner Anwesenheit. »Mein letzter Kurs ist heute ausgefallen«, informierte er mich, »Und weißt du was? Heute lade ich dich mal wieder ins Gary's zum Mittagessen ein. Da waren wir doch lange nicht mehr.« Das Gary's war ein kleines Bistro um die Ecke, in dem die Multikulti-Belegschaft tolle Gerichte mit kulinarischen Einflüssen aus aller Welt zubereitete und in das ich immer gern gegangen war.

Bevor ich zu einer Protestrede ausholen konnte, hatte Daniel sich schon die Jacke übergeworfen und setzte hinzu: »Und gegen einen Frühjahrsspaziergang wirst du ja bestimmt nichts einzuwenden haben, oder?« Ich gab mich geschlagen. Wir schlenderten zu dem Lokal, und ich scannte die Auslage mit den täglich wechselnden Tagesgerichten ab. Daniel bestellte eine Portion Lasagne und ich ein asiatisches Gemüsegericht. Kaum hatte ich einen Happen probiert, fällte ich ein ebenso vernichtendes wie unwahres Urteil über die Reisbeilage. Total zerkocht und ungenießbar sei er, konstatierte ich. Den Reis war ich also schon mal los. Nun galt meine Aufmerksamkeit dem förmlich in Soße *ertrinkenden* Gemüse. So gut es ging versuchte ich Daniels Berichten von seinem Tag in der Uni zu folgen, wobei ich ihm gegenübersaß und meine Gabel vor jedem Bissen erzittern ließ wie ein Parkinson-Patient. Durch das unauffällige (?) Schütteln des Bestecks sollte möglichst viel der kalorienreichen Soße vom Gemüse abtropfen. Als wir das Essen beendeten, hatte ich nicht nur einen Krampf im Handgelenk, sondern auch wieder Nachschub für den Wäschekorb, da ich von oben bis unten mit Süß-Sauer-Spritzern dekoriert war.

Wieder daheim, belud ich die Waschmaschine, schaltete sie ein und sah einige Minuten lang gedankenverloren durch das Sichtfenster in die Trommel. Ich ertappte mich dabei, wie ich auf einmal freudlos auflachte – das Elektrogerät war mit Symbolik geradezu überfrachtet: Wie die Wäschestücke schien auch ich mich die ganze Zeit im Kreis zu drehen. Das Reinigen der Kleidung sollte auch mich von meinen Sünden in Form von Lügen und Essensverschwendung reinwaschen. Und ähnlich wie den Sachen in der Trommel stand auch mir das Wasser langsam, aber sicher bis zum Hals.

13

FLIEGENDE FISCHE

Ebenfalls langsam, aber sicher begann nun auch die Zeit, in der meine Mitmenschen meinem weiter sinkenden Gewicht gegenüber Reaktionen zeigten. Ostern stand vor der Tür, und wie jedes Jahr waren Daniel und ich in Gerds und Annettes Ferienhaus vor den Toren Berlins eingeladen, um, Atheismus hin oder her, das Fest gemeinsam mit Familie und Freunden zu feiern. Stets war das Haus liebevoll dekoriert, und ein Cateringservice sorgte für das leibliche Wohl der Gäste.

Als Daniel und ich eintrafen, ließen sich bereits zahlreiche Besucher im Garten die Sonne auf den Pelz scheinen. Nach dem üblichen Begrüßungs-Geplänkel war es bald Zeit zum Essenfassen, und ich schritt zur eingedeckten Tafel wie ein zum Tode Verurteilter zum Schafott. Auf meinem Teller landeten die üblichen Verdächtigen: Tomaten, Karottenstifte und Gurkenscheibchen. Damit meine Auswahl für Außenstehende einen nicht allzu verrückten Anschein erweckte und ich zudem bereits Annettes skeptischen Blick auf mein Gemüse-Potpourri bemerkt hatte, langte ich kurz entschlossen noch auf die Fischplatte. Ja, genau: Ich bin einer dieser Pescetarier, die es einfach nicht auf die Kette bekommen, komplett auf Fleisch zu verzichten, sich dann auf irgendeinen angeblichen Unterschied zwischen Fleisch und Fisch berufen und daher bei Letzterem zugreifen.

Als ich das Makrelenstück nun vor mir liegen sah, bekam ich doch Angst vor meiner eigenen Courage. Die durch das Fenster einfallende Sonne ließ das Leichenteil erstrahlen wie die Sphinx zur Sommersonnenwende. Mit Grauen wurde mir gewahr, dass die Ursache für das Glänzen des Fischs in dessen hohem Gehalt an Öl lag. Öl – 800 Kalorien auf 100 Milliliter und somit nichts weniger als mein persönlicher *Endgegner*. Ich hob den Kopf und schaute mich um: Leute. Zu meiner Rechten, zu meiner Linken und mir gegenüber. Ich war umzingelt von Menschen, von unzähligen Augenpaaren, deren Aufmerksamkeit in meiner verqueren Imagination freilich ausschließlich meinem Teller galt, so viel war sicher. Ich sah keine Möglichkeit, das Fischfilet unbemerkt in meinen neuen sackartigen Cardigan zu befördern. Das Risiko, entdeckt zu werden, konnte ich nicht eingehen. Die unsägliche Peinlichkeit und die Erklärungsnot, in die ich dadurch geraten würde, musste ich mir unbedingt ersparen.

Um Zeit zu gewinnen, zerschnitt ich umständlich meine Tomaten und bestreute diese ausgiebig mit Salz und Pfeffer, wobei mein Blick immer wieder über die am Tisch Versammelten wanderte, als sei ich ein Spion mit streng geheimem Observationsauftrag. Da entdeckte ich Suse, die achtjährige Tochter eines Familienfreunds. Hochkonzentriert, aber mit mäßigem Erfolg bemühte sie sich darum, ihre eingelegten, glitschigen Champignons nicht vom Teller gleiten zu lassen.

Kurz gesagt: Alle Affen machen nach. Ich knöpfte mir die Makrele vor, indem ich sie einige Male vor- und zurückschob und den Teller durch das so verteilte Öl in eine rutschige Unterlage umfunktionierte. Hernach übte ich auf das Endstück des Filets mit der Gabel ordentlich Druck aus, und zack! – schoss das tote Ding über meinen Tellerrand hinweg, segelte zwischen den beiden mir gegenübersitzenden Herren durch die Luft und legte einen Telemark vor dem Kamin hin. »Wie ungeschickt von mir!«, rief ich sogleich und sprang auf, um die notwendigen Beseitigungsmaßnahmen in Angriff zu nehmen. Ich lavierte mich an den anderen Stühlen vorbei und sammelte das Öl-verseuchte

Unheil vom Boden auf. Die Gäste lachten freundlich und gingen dann weiter ihren Unterhaltungen nach. Ich nahm erneut meinen Platz ein und wurde glücklicherweise mit dem Angebot, mich erneut an der Fischplatte gütlich zu tun, verschont. Endlich konnte ich mir beruhigt mein Gemüse einpfeifen.

Nach dem Essen begab sich die Feiergesellschaft wieder in den Garten, als es an der Tür klingelte. Ein Kumpel von Gerd hatte sich verspätet und wurde nun von diesem durchs Haus geführt. Die üppigen Reste des Caterings standen noch immer auf dem Tisch. Als ich von der Terrasse aus den Raum betrat, um zur Toilette zu gehen, hatte Gerd sich gerade vor dem Tisch aufgebaut und versuchte es an seinen Freund gerichtet mit einem Scherz: »Schau, Anton, wir müssen heute alle verhungern!« Anton gluckste, und Gerd schob mit offenem Blick auf mich lachend hinterher: »Geht schon los – guck dir bloß Larissa an!« Vor lauter Schreck blieb mir beinahe das Herz stehen, und nach einer Sekunde des Zögerns beschleunigte ich meinen Schritt, um das Zimmer schnellstmöglich und kommentarlos zu durchqueren. Just in diesem Moment schoss Annette aus der offenen Küche in den Raum hinein, es stand außer Frage, dass auch sie Ohrenzeuge von Gerds Äußerung geworden war. Sie funkelte ihren Mann wütend an, und mit bis dato nie gehörter Wut in der Stimme zischte die zierliche Frau: »Lass sie in Ruhe, Gerd!« Der verblüffte Angesprochene wusste nicht, wie ihm geschah, lachte unsicher und setzte zu einer Antwort an: »Mensch, ich wollte doch nur …« – »*Lass sie ihn Ruhe*, habe ich gesagt!«, ging Annette dazwischen und betonte dabei jede Silbe, als steckte eine Drohung in ihr.

Mittlerweile hatte ich die rettende Tür erreicht und diese nun hinter mir zugezogen. Zitternd stand ich im leeren Flur und lauschte der angespannten Stille im Wohnzimmer. Gerd räusperte sich und schlug dem dankbar zustimmenden Anton vor, ihm den Garten zu zeigen. Ich hörte sich entfernende Schritte, sperrte mich im Bad ein und stöhnte. Scheiße, Mann. Das Letzte, was ich wollte, war, zum Streitpunkt zu werden. Natürlich war Gerds flapsiger Spruch nicht gerade einen Comedy-Preis wert gewesen und hatte mir einen gehörigen Stich versetzt, aber mit Sicherheit steckte keinerlei böse Absicht dahinter. Dass die stets kontrollierte Annette deswegen so aus der Haut gefahren war, tat mir für alle Beteiligten leid. Ich schämte mich.

Nach einer gefühlten Ewigkeit traute ich mich wieder aus dem WC heraus und schlich wie ein geprügelter Hund auf die Terrasse zurück. Dort waren die Gäste in der Zwischenzeit mit Kuchen versorgt worden. Anstandslos nahm ich die von Daniels Tante dargereichte Serviette und ein Stück Bienenstich entgegen und aß es schweigend und in Gänze auf.

14

INQUISITION ZWISCHEN KATZENFUTTER UND DAMENBINDEN

Die Zeit eilt pfeilgeschwind, wie meine Großmutter es auszudrücken pflegt, und bald schon war mein Praktikum beendet. Die Schüler hatten mir auf meinen Wunsch hin zum Abschluss vor den Sommerferien »Zeugnisse« ausgestellt, damit ich ein Feedback hatte, das mir verriet, was ich als Lehrerin künftig verbessern konnte. Ihre Urteile waren erfreulich positiv ausgefallen, aber ein Mädchen aus der Elften hatte unten auf ihrem Blatt hinzugeschrieben: »Nicht böse gemeint, aber mit ein paar Kilos mehr würden Sie besser aussehen!« Nun stand ich grübelnd mit dem Zettel in der Hand daheim in Unterwäsche vorm Spiegel. Sooo dünn war ich doch gar nicht, oder? Ich befragte die Waage: 43 Kilo. Unverwandt besah ich mir das Ergebnis. War das echt so wenig? Ich vermochte das schlichtweg nicht mehr zu beurteilen.

Generell war ich in den vergangenen Monaten zunehmend fatalistisch den meisten Dingen gegenüber geworden. Freude oder Begeisterung empfand ich ebenso wenig wie Betroffenheit und Trauer über irgendetwas. Ein unbestimmtes, ein *graues* Gefühl war an die Stelle des breiten Spektrums menschlicher Emotionen getreten, hatte sich wie ein Schatten über mich gelegt und begleitete mich konstant durch mein Leben. Ich schleppte mich müde und kraftlos durch die Tage, erledigte in der Uni und bei der Arbeit gleichmütig meine Aufgaben und absolvierte stoisch mein obsessives Sportprogramm. Ich war auf Autopilot.

Seufzend schob ich die Waage an ihren Platz zurück und tat die Notiz der Schülerin als unbedeutendes Geschwätz einer 15-Jährigen ab. Was war nur los mit mir? Vielleicht war ich einfach überarbeitet? Ja, das musste es sein. »Überarbeitet« war gut – implizierte dieses Wort doch eine hohe Leistungsbereitschaft und großen Ehrgeiz. Das ist es doch, was die Leute erwarten, oder? So wollt ihr mich sehen, und so sollt ihr mich dann bitte schön auch haben! Dass ich mich jetzt anscheinend ein wenig übernommen hatte, musste ich ja niemandem auf die Nase binden. Und es war ja ohnehin Entspannung in Sicht: Daniel und ich würden bald zu einem Schnäppchenurlaub aus dem Internet in die Dominikanische Republik aufbrechen und in dem All-inclusive-Hotel endlich mal wieder gemeinsam die Seele baumeln lassen.

Apropos Urlaub: Mir fiel ein, dass unsere Reiseapotheke noch einer Auffrischung bedurfte. Ich wollte sichergehen, auch am anderen Ende der Welt optimal mit Pillen und Cremes für Notfälle gerüstet zu sein. So entledigte ich mich meiner trübsinnigen Gedanken, warf mir mein Kleidchen über und steuerte die nächste Drogerie an.

Nachdem Pflaster, Ohropax und irgendetwas Homöopathisches (der Glaube versetzt ja angeblich Berge …) gegen eventuelle Magen-Darm-Beschwerden in meinem Einkaufskorb gelandet waren, erspähte ich im Pharmazie-Regal ein Röhrchen mit Vitamin-B12-Tabletten. Vielleicht gingen mir ja wegen B12-Mangels die Haare aus wie einem Vogel die Federn in der Mauser? Da dieses Vitamin überwiegend in Fleisch enthalten ist, erschien mir der Gedanke als Vegetarierin nicht abwegig. War er auch nicht – zumindest nicht im Vergleich zu meiner fixen Idee, an der Strahlenkrankheit zu leiden …

Ich fischte mein Handy aus der Tasche und rief Annette an, um ihre ärztliche Meinung zu dem Präparat einzuholen.

Ihre Reaktion auf meine Laiendiagnose und die Frage nach der Wirksamkeit der Pillen war für mich, euphemistisch ausgedrückt, erstaunlich. Kaum hatte ich meinen letzten Satz beendet, platzte ihr die Hutschnur, von deren Existenz ich bis dahin gar nichts gewusst hatte (oder nicht wissen wollte), und sie brüllte ins Telefon: »Du solltest keine Tabletten nehmen, Larissa! Du solltest Fett und Eiweiß in deine verdammte Ernährung einbinden! Das kann man sich ja nicht mehr mitanschauen! Wie viel wiegst du noch?!« Sie war derart laut geworden, dass ich den Hörer von meinem Ohr weghielt und nun verdattert anstarrte. Damit, zwischen Katzenfutter und Damenbinden von der Inquisition überrascht zu werden, hatte ich nicht gerechnet. Ich war sprachlos. Nach der so entstandenen Pause dröhnte Annettes Stimme nun erneut stimmgewaltig aus dem Mikrofon und übertönte spielend die im Geschäft laufende Kuschelrockmusik: »Du sagst mir jetzt gefälligst *sofort*, was du auf die Waage bringst!« In meinem Kopf ertönte Alarmstufe Rot, ich versuchte, cool zu bleiben, und antwortete so abgeklärt wie möglich in nüchternstem Finanzbeamtentonfall: »Annette, ich muss gestehen, dass dieses Gespräch eine Richtung eingeschlagen hat, die ich mir so nicht vorgestellt habe. Angekommen ist aber, dass du die Tabletten nicht als hilfreich erachtest, also werde ich diese nicht kaufen und danke dir für die Information.« Annette schnaubte verächtlich, gelangte aber offenbar langsam wieder zurück zu ihrem Ruhepuls und sagte matt: »Okay. Das ist wohl ein Thema, über das sich am Telefon schlecht reden lässt. Ich melde mich bald wieder.« Sprach's und legte auf. Ich trug meinen Einkauf zur Kasse und notierte gedanklich ein Memo an mich: »Annettes Anrufe künftig ignorieren.« Gut, dass ich in wenigen Wochen erst einmal außer Landes sein würde.

Was mein ungehindertes Magersucht-Treiben betraf, wurde es zumindest in Bezug auf Annette langsam eng. Weniger eng hingegen wurde meine Kleidung. Die Hosen schlackerten mir um die Storchenbeine und hatten dort, wo einst mein Po gewesen war, dermaßen viel Spielraum, dass ich unbesorgt eine Inkontinenzwindel darunter hätte tragen können, ohne dass es jemandem aufgefallen wäre. Ich betrachtete diesen Umstand pragmatisch und stieg auf Röcke und Kleider um. Vor Urlaubsantritt shoppte ich einen Bikini in der Kinderabteilung, wobei ich lediglich darüber staunte, dass die Modeindustrie die Meinung vertrat, Kinder sollten *Bikinis* tragen, und nicht etwa über die Tatsache, dass ich passgenaue Klamotten nur noch auf der Verkaufsfläche für Zwölfjährige ergattern konnte. Spätestens jetzt hatte ich wohl jeden Bezug zu Realität und Normalität verloren. Kein Wunder also, dass ich total auf dem Schlauch stand, als wenig später im Verlag ein Kollege beim gemeinsamen Warten auf den Fahrstuhl zu mir sagte: »Na, da ist wohl jemand am Zielgewicht vorbeigeschossen.« Ich grinste ihn ratlos an und fragte mich, was mir der Mann damit sagen wollte.

15

ALL INCLUSIVE FÜR ANOREKTIKER

Zwei Wochen Sonne, Strand, Meer – und Essen vom Buffet. Mir war klar, dass eine exakte Kalorienkalkulation mir unmöglich sein würde, dahingehend arbeitete mein Verstand noch tadellos. Aus diesem Grund wollte ich mir einen »Puffer« schaffen und hatte vor Abflug meine Schwachmatendiät noch strenger werden lassen und das Sportprogramm ausgeweitet. Mit 42 Kilogramm und dem Koffer voller Kinderkleidung bestieg ich an Daniels Seite den Flieger. Natürlich lehnte ich das im Flugzeug servierte Essen ab und begnügte mich für die 14-stündige Anreise mit meinen vorbereiteten Gemüsesticks. Müde von den Flügen und der Transferfahrt kamen wir endlich an der Hotelanlage an.

Logischerweise stellen Sie, liebe Leser, aufgrund meiner psychischen Erkrankung einige in diesem Buch getätigte Aussagen infrage. Wer versichert Ihnen schon, dass meine Wahrnehmungsverzerrung nicht auch andere Lebensbereiche als mein Körperbild und die Nahrungsaufnahme befiel? Nun, im Falle der Dominikanischen Republik versichere *ich* Ihnen das. Für die Eindrücke dieses »Urlaubs« ist leider nicht mein Anorektiker-Hirn zur Verantwortung zu ziehen. Stellen Sie sich für folgenden Satz bitte eine sonore, feierliche Stimme vor und lesen Sie langsam: In guten wie in schlechten Zeiten, in Gesundheit und Krankheit verspreche ich, niemals wieder einen Fuß auf diese Karibikinsel zu setzen.

Wir zogen unsere Koffer durch die gepflegte Lobby hindurch zum Rezeptionstresen. Hinter diesem führten drei Angestellte in Hoteluniform eine launige Unterhaltung und schlugen sich lachend gegenseitig auf die Schultern. Ich war schon immer für Spaß bei der Arbeit zu haben und stellte an Daniel gewandt fest: »Eine schöne Arbeitsatmosphäre haben sie hier!« – »Ja, macht wirklich einen entspannten Eindruck. So richtig *karibisch* eben«, freute sich mein Liebster. Im Takt der südamerikanischen Klänge, die durch Lautsprecher in die Lobby getragen wurden, wippten wir mit dem Kopf und schauten uns um. Nach einigen Minuten endete das Lied und damit auch unser Synchron-Wippen. Die Hotelmitarbeiter ignorierten uns Neuankömmlinge nach wie vor, hatten aber offenbar das Gesprächsthema gewechselt, denn zwei von ihnen schauten den Verbliebenen nun mitfühlend an und lauschten seiner Erzählung. Dessen Schultern wurde dabei nicht mehr beklopft, sondern gestreichelt, und ich zuckte mit selbigen als Reaktion auf Daniels fragenden Blick.

Das nächste Lied setzte ein und wir nickten erneut zur Gute-Laune-Musik. Doch jetzt nahm ich aus dem Augenwinkel heraus noch eine andere Bewegung wahr und schaute zu Daniel hinüber. Der eingängige Rhythmus des Lieds ging ihm offenbar durch Mark und … Hintern. Seine Hüfte hüpfte von rechts nach links und vollführte so zuvor nie gezeigte Bewegungen. Ich war seit beinahe sechs Jahren mit dem Kerl zusammen und hatte ihn davor nur ein einziges Mal tanzen sehen. Wir waren mit Freunden in einem Club gewesen, und Daniel hatte an dem Abend tief ins Glas geschaut. Er stand mit Kumpel Nico an der Theke, als ich mich kurz aufs WC verabschiedete und ihn zu meiner Überraschung bei Rückkehr nicht mehr dort vorfand. Verwundert sah ich Nico an, der verlegen mit dem Finger auf die Tanzfläche deutete. Diese war voll wie zwei katholische Kirchen zu Weihnachten – das galt allerdings auch für meinen Freund, und ebenjenen konnte ich nun unschwer ins Visier nehmen.

In der Mitte des Dancefloors hatte sich ein Kreis aus laut jubelnden Feiernden gebildet, in dessen Zentrum ich sogleich Daniel ausmachte. Genauso ungehemmt wie unkoordiniert schüttelte er seine Glieder zum Electrobeat. Sein T-Shirt hatte er ausgezogen, ließ es glückselig über seinem Kopf kreisen wie ein Cowboy sein Lasso und gab so den Blick auf sein Feinripp-Unterhemd frei. Wäre ich nicht kurz zuvor auf der Toilette gewesen, hätte ich mich vor Lachen nass gemacht. Seither hatte Daniel kein Tanzbein mehr geschwungen, und ich staunte nicht schlecht, als ich nun plötzlich Zeuge seines Hüftschwungs wurde.

Trotzdem wollte ich langsam das Hotelzimmer beziehen und unterbrach Daniels improvisierte Merengue-Darbietung. »Die müssen uns doch gesehen haben«, sagte ich, zeigte auf die Gesprächsrunde und rief den Uniformierten ein heiteres »Hola!« zu. Die drei schauten kurz in meine Richtung, ließen sich aber nicht aus der Ruhe bringen und unterhielten sich in aller Seelenruhe weiter. Von dieser war bei mir jetzt nicht mehr viel übrig, und ich versuchte es, weniger heiter, erneut: »We would like to check in, please!« Keine Reaktion. Dass ich dünn war, wusste ich – *unsichtbar* war neu. Konsterniert blickte ich Daniel an, der es daraufhin seinerseits mit dem gleichen Satz probierte. Da endlich fühlte sich einer der Herren bemüßigt, uns in Empfang zu nehmen. Wortlos griff er nach der Buchungsbestätigung, die wir auf dem Tresen abgelegt hatten, tippte etwas in seinen PC ein und legte zwei Schlüssel vor uns ab. »Breakfast 7:30, Lunch 12:30, Dinner 18:30«, leierte er herunter, kehrte uns den Rücken und seinem Gespräch wieder zu.

So zogen wir mit unserem Gepäck von dannen und suchten auf der weitläufigen Hotelanlage nach der Haus- und Zimmernummer, die in die Schlüssel gestanzt war. Dort angekommen, fanden wir ein einfaches, aber nicht ungemütliches Hotelzimmer vor. Boden und Bad waren mit Sand und Haaren übersät. Die Putzkolonne hatte den Raum an diesem Morgen offensichtlich übergangen, aber vielleicht war sie versehentlich einfach nicht über die Ankunft neuer Gäste informiert worden. Konnte ja mal vorkommen. Leider fehlte die in der Hotelbeschreibung beinhaltete Küchenecke mit Wasserkocher und Kühlschrank. Auch okay, bei Außentemperaturen von 40 Grad und geradezu atemberaubender Luftfeuchtigkeit würde mir der Sinn ohnehin nicht nach einem Heißgetränk stehen – den Kühlschrank aber wollte ich später an der Rezeption nachordern, um Cremes und Medikamente darin zu kühlen.

Aber zunächst packten wir unsere Badeklamotten und brachen auf, um dem Strand einen Besuch abzustatten. Es war bereits Nachmittag, und wir wollten, ganz die ökonomisch denkenden Deutschen, die restlichen Stunden des Tages nutzen. Die Ferienanlage lag nicht unmittelbar am Meer, und so mussten wir einem ausgewiesenen Weg folgen, um zu dem für Hotelgäste reservierten Strandabschnitt zu gelangen. Als wir der Beschilderung folgten, überkam mich ein Gefühl der Beklommenheit. So muss es sich anfühlen, im Knast zu sitzen, dachte ich bei mir. Unser Pfad war zu beiden Seiten von einer Mauer gesäumt, und etwa alle 50 Meter stand ein bis an die Zähne bewaffneter Sicherheitsmann Spalier. War ich auf dem Weg zu einem *Liege*stuhl oder zu einem *elektrischen* Stuhl? Ein Urlaubsfeeling wollte sich bei mir angesichts der Männer mit geladenen Gewehren jedenfalls nicht spontan einstellen.

Der erste Blick über die Landschaft entschädigte sogleich für die Strapazen der Anreise. Alles sah aus, wie es in der Karibik für Urlauber eben auszusehen hat. Weißer Strand, ordnungsgemäß windschiefe Palmen, kristallklares Wasser. Und, nun ja: Eine ganze Legion an Strandverkäufern, von deren Stimmumfang unsere heimischen Marktschreier nicht zu träumen wagen. Die entsprechende Geräuschkulisse wurde untermalt von dröhnenden Bässen, die aus einem benachbarten Lokal herüberschwappten. »Techno-Salsa« – vorher auch noch nicht gehört.

»Ohren zu und durch«, witzelte ich, und wir belegten zwei freie Liegen im Schatten. Das Hotel war nicht ausgebucht, und so tummelten sich nicht allzu viele andere Gäste um uns herum. Dennoch trugen auch diese ihren Teil zu der von mir als solche empfundene *Lärmbelästigung* bei: Die Leute kosteten das All-inclusive-Angebot an der Bar in vollen Zügen aus und waren blauer als das Meer. Mit roten Gesichtern und schweren Zungen diskutierten sie in ihren Grüppchen darüber, wer von ihnen als Nächstes mit der Beschaffung alkoholischen Nachschubs an der Reihe sei. Der schmerbäuchige Auserkorene wankte sodann Richtung Tresen und lallte der von ihm mit »Schwarze Perle« angesprochenen Bedienung seine selbstverständlich auf Deutsch vorgetragene Bestellung entgegen.

Ich entschloss mich, es mit Humor zu nehmen. Immerhin waren wir ja nicht auf Bildungsreise, und ein jeder möge nach seiner Fasson glücklich werden. Allerdings erstaunte es mich, dass der Schlüssel zum Glück nicht nur für die Urlauber im Alkohol zu liegen schien … Als Daniel und ich zu einem ersten Strandspaziergang aufbrachen und mühsam die lautstarken Offerten der Standverkäufer abgewehrt hatten, verschwanden diese nicht etwa, sondern forderten uns unverblümt dazu auf, ihnen von der Bar ein Glas Rum zu holen. Nach wenigen Tagen stellte ich fest, dass ihr ständiges Gegröle nicht Ausdruck großen Engagements für ihr Verkaufsgeschäft war, sondern lediglich Resultat der enthemmenden Wirkung des Fusels, den sie ganztägig in sich hineinschütteten. Daniel wäre nicht Daniel, wenn er nicht eilfertig dem Wunsch der Trunkenbolde nachgekommen wäre.

Natürlich hatte er recht, wenn er sagte, dass es sich bei ihnen um Menschen handelte, denen das Schicksal nicht gerade das große Los zugeteilt hatte. Dennoch feixte ich, wenn mein Freund fortan unentwegt um seine heimlichen Lieferantendienste gebeten wurde, denn natürlich war es verboten, Hotelfremde mit der Gratis-Kost zu versorgen. Die »Schwarze Perle« staunte angesichts der Alkoholmengen, die der Gutmütige über den Tag verteilt orderte, und dass er es trotzdem noch schaffte, einen Fuß vor den anderen zu setzen.

Bevor es Abendessen gab, kehrten wir in unser nach wie vor ungereinigtes Hotelzimmer zurück und stiegen nacheinander in die Dusche, deren verkalkte Brause nur tröpfelnd Wasser ausspuckte. Ganz anders verhielt es sich mit der Deckenlampe: Aus dieser schoss das kühle Nass nur so heraus, sobald man einen Wasserhahn betätigte. Auch diesen in meinen Augen durchaus vertrauenserdrückenden Umstand beschloss ich an der Rezeption zu melden, und so baten wir einen nicht weiter verwunderten Empfangsmitarbeiter um Techniker, Reinigungspersonal und Kühlschrank, bevor wir zum Speisesaal aufbrachen.

Um kurz vor sieben enterten wir das Restaurant, vor welchem sich ein halbes Dutzend Angestellte in Reih und Glied aufgestellt hatte. Von diesen wurde nun unser Eintreffen frenetisch beklatscht, was wohl eine Marketingmaßnahme darstellen sollte, die mir bis heute ein Rätsel ist und täglich die Schamesröte ins Gesicht trieb. Im Inneren des Raumes war es dann nicht mehr so weit her mit dem Arbeitseifer. Kaum ein Behälter an dem Buffet war befüllt, stattdessen standen die in weiße Schürzen gekleideten Angestellten beisammen und hielten ein Schwätzchen. So setzten wir uns an einen freien Tisch und übten uns in Geduld, bis eine halbe Stunde später tatsächlich etwas Essbares seinen Weg in die typischen Metallgefäße gefunden hatte. Ich steuerte – wen wundert's? – die Salatbar an, wo die verwunderte Stadtpflanze in mir lernte, dass auch Gurken zwecks Fortpflanzung Kerne enthalten. Ich stellte mir eine Schüssel mit Grünzeug zusammen und besah mir das Warmspeisen-Angebot. Zu meiner Freude reihte sich ein Fleischgericht an das nächste, und so konnte ich als Vorzeige-Vegetarier mit gutem Grund verzichten. Lediglich ein paar weiße Bohnen in Tomatensoße drapierte ich gleichmäßig verteilt auf meinem Salat.

»Ist das alles, was du essen möchtest?«, fragte Daniel ungläubig, als er sich mit einer wahren Schlachtplatte ausgerüstet zu mir setzte. »Ja, also ich habe da Unmengen dieser Bohnen in der Schüssel, und außerdem hast du ja selbst gesehen, dass die Landesküche ziemlich fleischlastig ist«, gab ich zu bedenken. »Dahinten ist auch was mit Fisch, das kann ich dir eben holen«, bot Daniel an und war schon halb aufgestanden, als ich schnell erwiderte: »Nein, danke. Du weißt doch, dass ich immer Angst habe, dass der Fisch überlagert sein und ich mir eine Infektion holen könnte.« Mein Freund runzelte die Stirn, anscheinend auf der Suche nach der entsprechenden Erinnerung. Da konnte er lange grübeln – bis vor wenigen Sekunden hatte nicht einmal ich selbst von meiner frisch erfundenen Furcht vor weniger frischem Fisch Kenntnis gehabt. Rasch zog ich aus meiner Tasche eine Liste mit dem Ausflugsangebot des Hotels und begann ein Gespräch über unsere geplanten Unternehmungen.

Unsere Urlaubstage lassen sich einfach zusammenfassen: An den hygienischen Zuständen im Hotelzimmer änderte sich ebenso wenig wie an unserer Wasserfall-Lampe. Den Kühlschrank bekamen wir trotz täglicher Nachfragen erst nach rund einer Woche, aber wohl nur, weil ich in der Lobby einen meiner berüchtigten Tobsuchtsanfälle zum Besten gab und dem erschrockenen Rezeptionisten entgegenbrüllte, ich würde quasi auf der Stelle krepieren, wenn meinen mitgeführten Medikamenten nicht unverzüglich ein kalter Aufenthaltsort angeboten werde.

Die Strandverkäufer schrien nach Kunden oder Cuba Libre, die Bässe aus dem Nachbarlokal wummerten, und die anderen Gäste waren den ganzen Tag über genauso besoffen wie ich hungrig. Morgens, mittags und abends aß ich Salat, joggte täglich den Strandabschnitt auf und ab und trank die Cola-Light-Vorräte des Hotels leer.

Die Urlaubsanlage auf eigene Faust zu verlassen erwies sich als schwieriges Unterfangen, da die sofortige und enervierende Belagerung seitens selbst ernannter Tour-Guides drohte oder halbseidene Gestalten meinen Liebsten ins nächste »Casa del Chica« entführen wollten. Wir waren dämlich genug, um bei einem solchen »Guide« einen Ausflug nach Santo Domingo zu buchen. Zum vereinbarten Zeitpunkt traf Rodrigo zwar ein, war aber derart volltrunken, dass Daniel *ihn* durch die Stadt lotsen musste und nicht umgekehrt. Das Architekturstudium meines Freundes zahlte sich aus, und er konnte einiges über die angesteuerten Bauwerke erzählen. Der Suffkopp war beeindruckt. »Was du sagen *ich* nicht gewusst«, informierte er Daniel, und ich fand es beinahe tröstlich, dass Rodrigo uns auch in nüchternem Zustand offenbar nicht zu irgendeinem Erkenntnisgewinn hätte verhelfen können.

Dennoch war dieser Trip, zumindest für mich, noch immer besser gewesen als unser über das Hotel bestellter Ausflug zu den berühmten Barcadi-Inseln. Jetzt bekam ich nämlich die Rechnung für meine »Fisch-Lüge«: Mit einer größeren Gruppe anderer Touristen kamen wir nach einer längeren Busfahrt bei einer Schiffsanlegestelle an, wo wir auf einen Katamaran umstiegen, um unser endgültiges Ziel zu erreichen. Auf dem Boot liefen neben dem üblichen Latino-Techno auch halb nackte weibliche Servicekräfte umher, die dafür sorgten, dass die Gläser der Gäste stets gut gefüllt waren und sich zum Dank von diesen an den Hintern grapschen lassen mussten. Daniel genehmigte sich entgegen seiner Gewohnheiten ebenfalls einen Drink am helllichten Tag, und die Kombination von Promille und sengender Hitze ließ ihn erneut gut gelaunt mit den Hüften zucken und beförderte ihn dann bald in den Schlaf.

Nicht zum ersten Mal bedauerte ich, dass ich keinen Alkohol mehr trank – gern hätte ich ebenfalls die Fahrt und somit auch die geistigen Blähungen, die die notgeilen Quartalssäufer an Bord über die Kellnerinnen absonderten, verschlafen. Doch ich schluckte lieber Musik und Machosprüche als ein paar in Flüssigkeit schwimmende Kalorien und starrte für die nächsten Stunden lethargisch auf die offene See.

Endlich auf dem paradiesischen Eiland angekommen, hatten wir Gelegenheit, uns umzusehen. Die Insel verfügte weder über Einwohner noch Stromversorgung, und die daher weitgehend unberührte Natur war eine echte Augenweide. Am späten Nachmittag trommelte uns der Reiseleiter zusammen, um das Buffet zu eröffnen. Schon als ich den Fuß an Land gesetzt hatte, war mein Blick sehnsuchtsvoll zu dem Unterstand mit den aufbereiteten Speisen gewandert. Um meine verrückte 16-Stunden-Regel einzuhalten, hatte ich beim Frühstück vorgegeben, keinen Appetit zu haben, und mein Magen forderte nun mit Nachdruck etwas Essbares.

Ich stellte mich in die Schlange und näherte mich schrittweise den bereitstehenden Schüsseln, über denen einige Mitarbeiter große Palmwedel schwangen, um Fliegen fernzuhalten. Selbstverständlich tat ich mir zuerst Salat auf und wollte mich schon vom Buffet abkehren, als ich mich gegen den Hunger einfach nicht mehr zu wehren vermochte und kurz entschlossen ein großes Stück Fisch auf meinen Pappteller fallen ließ. Zügig suchte ich mir ein schattiges Plätzchen und verschlang mein Essen, als wäre ich auf der Flucht. Als Daniel und ein Pärchen aus den USA, mit dem er eine Unterhaltung begonnen hatte, sich zu mir gesellten, war ich mit meiner Mahlzeit bereits fertig und klickte mich entspannt auf dem Handy durch die Fotoaufnahmen des Tages.

Ich sah erst wieder hoch, als die junge Amerikanerin auf einmal ein würgendes Geräusch von sich gab. Mit angewiderter Miene spuckte sie etwas in den Sand und rief: »Something is wrong with the fish!« Oh nein, das hatte ich doch sicher falsch verstanden? »You mean, you don't *like* it?«, fragte ich hoffnungsvoll – bestimmt ging es hier einfach nur um eine Geschmackssache. Sie schüttelte so energisch den Kopf, dass ihr Zopf ihr zu beiden Seiten um die Ohren flog. »That's no matter of taste, my dear. The fish is definitely spoiled«, bekam ich prompt zur Antwort.

Das kann doch nicht wahr sein, dachte ich sofort, musste mich aber umgehend selbst korrigieren: Konnte es nämlich *doch* – wir waren bei 40 Grad auf einer Insel ohne Stromversorgung gelandet, und das Buffet war bereits vor unserer Ankunft komplett aufgebaut worden. Rechnete man die Anlieferzeit der Nahrungsmittel noch obendrauf, wäre der Ausdruck der »unterbrochenen Kühlkette« eine satte Untertreibung. Ich erlebte soeben den Albtraum eines jeden deutschen Lebensmittelkontrolleurs, nein, den Albtraum der gesamten deutschen Bundesregierung: Dieses »Buffet« war nichts anderes als ein waschechter Biowaffen-Anschlag!

»Da zahlt sich deine Vorsicht aus«, lobte Daniel mich nun auch noch, »du hast dir doch sicher wieder nur etwas vom Salat genommen, oder?« Mein Mund war vor Schreck so staubtrocken geworden, als hätte ich eine Handvoll Sand gegessen. Hätte ich dies wirklich getan, wäre ich damit auf jeden Fall besser bedient gewesen als mit dem Gammelfisch. Apathisch schüttelte ich den Kopf und krächzte: »Heute habe ich eine Ausnahme gemacht.« Ich deutete auf die Gräten, die ich an den Rand des noch neben mir stehenden Papptellers geschoben hatte. »Scheiße«, sprach mein Freund ein wahres Wort und fasste damit mein Befinden in den kommenden Stunden und Tagen treffend zusammen.

Daniel ging mit den Amis schnorcheln, während ich die letzten Stunden des Aufenthalts apathisch auf einer Strandliege saß und der Dinge harrte, die da kommen mochten. In mir rumorte es, da konnte ich mir noch so oft vorbeten, es handelte sich bei dem zunehmend flauen Gefühl im Bauch um reine Einbildung. Schließlich überraschte der strahlende Guide unsere Reisegruppe mit der Info, dass wir die Rückfahrt nicht erneut mit einem Katamaran, sondern mit einem Speed-Boat antreten dürften.

Falls Sie noch nicht in den zweifelhaften Genuss gekommen sind, mit verdorbenem Magen eine Schnellboot-Tour über das offene Meer zu unternehmen, lassen Sie mich Ihnen versichern: Sollte man ein solches Unterfangen in den Foltermethoden-Katalog Guantanamos aufnehmen, würden die abenteuerlichsten Geständnisse aus den Gefangenen nur so herausprudeln. Ich zumindest hätte Stein und Bein geschworen, der Weihnachtsmann höchstpersönlich zu sein, wenn dadurch der erlebte Höllenritt über die Wellen ein jähes Ende hätte finden können. Wir schossen durch das Wasser, die unruhige See ließ das Boot regelmäßig für einige Sekunden abheben und durch die Luft segeln, bevor es wieder unsanft auf die Meeresoberfläche prallte. Mein Magen drehte sich, ich fror trotz der Hitze und mein fett- und somit polsterfreier Po schmerzte von den harten Landungen auf dem

Plastiksitz. Um mich herum wurde vor Freude gejauchzt, während ich lediglich ein ächzendes Stöhnen verlauten ließ, mit dem mir eine Synchronsprecherrolle für den nächsten Film über eine Zombie-Apokalypse sicher gewesen wäre.

Mein Gesicht war so weiß wie der Sandstrand, als wir endlich das rettende Ufer erreichten. An die Busfahrt in unsere Ferienanlage entsinne ich mich nur lückenhaft. Ganz und gar nicht lückenhaft hingegen sind meine Erinnerungen an das, was nun auf mich zu- und aus mir herauskam: Kaum hatten wir das Hotelzimmer betreten, flüchtete ich mich ins Bad und wusste nicht, ob ich mich zuerst zum Kotzen über die Kloschüssel beugen oder zwecks dringender Darmentleerung auf diese setzen sollte. Ich entschied mich für Letzteres und reiherte in den gerade noch rechtzeitig geschnappten Mülleimer. Ich erspare Ihnen Details, aber so viel sei gesagt: Von Erholung konnte für mich in den Folgetagen wirklich keine Rede sein, zumal ich anscheinend irgendeinen physischen Defekt von meiner Mutter geerbt habe, der es mir quasi unmöglich macht, mich zu übergeben. Begleitet von qualvollen Würgegeräuschen und Luftnot hing ich über der Schüssel, und mir platzten die Äderchen im Gesicht, während ich verzweifelt versuchte, meinen Körper beim »Rückwärtsessen« zu unterstützen. Doch mein magersüchtiges Gehirn konnte sogar diesem Martyrium noch Positives abgewinnen. Immerhin hatte ich plötzlich Gelegenheit dazu, »guten Gewissens« und in rauen Mengen Brot zu essen. Denn sobald ich etwas zu mir nahm, zwang mein Körper mich dazu, es auf schnellstem Wege zurück ans Tageslicht zu befördern, und daher musste ich keine Gewichtszunahme befürchten.

Dass ich damals nicht auf die Idee gekommen bin, Anorexie gegen Bulimie auszutauschen, kann aus meiner heutigen Sicht nur dem Delirium geschuldet sein, in dem ich mich zu diesem Zeitpunkt befand. Im Gegenteil – als ich endlich halbwegs wiederhergestellt war und mich mit Daniel am Strand fläzen konnte, war mir ein Moment vollkommener Psychogenese vergönnt: Ich war zum Souvenirshop gegangen, um den obligatorischen Postkartenversand in Angriff zu nehmen. Während ich den quietschenden Kartenaufsteller drehte, traf mein Blick zufällig den dahinter befindlichen mannshohen Spiegel. Ungläubig betrachtete ich mich darin. Ist das ein Zerrspiegel?, fragte ich mich und schob den Postkartenhalter zur Seite, um freie Sicht zu bekommen. Die hatte ich dann auch. Auf große, eulenhafte Augen und eingefallene Wangen. Auf hervorstechende Schulterknochen und ausgemergelte Arme, die das Verbindungsgelenk zwischen Ober- und Unterarm überproportional groß erscheinen ließen. Auf scharf konturierte Rippen und ein spitzes Becken. Auf einen nicht vorhandenen Hintern, an dem die Haut schlaff herunterhing, und dürre, stelzenhafte Beine.

Fassungslos besah ich mir das ganze Elend minutenlang, bis der Verkäufer mich mit seiner Frage, ob alles in Ordnung sei, aus meinem tranceähnlichen Zustand befreite. Wortlos verließ ich den Laden und steuerte Daniels und meinen Liegeplatz an. Mein Freund ließ sich gerade mit geschlossenen Augen die Sonne auf den Pelz scheinen, als ich mich mit versteinerter Miene vor ihn stellte und somit einen Schatten auf sein Gesicht warf. Er öffnete die Augen einen Spaltbreit und sah meinen ernsten Gesichtsausdruck. »Ist was?«, erkundigte er sich, und ich antwortete mit einer Gegenfrage: »Daniel, wie sehe ich denn *aus*?« – »Na, als ob irgendetwas los ist, deshalb frage ich ja«, gab er leichthin zurück. »Nein, ich meine das ganz allgemein«, stellte ich um Fassung bemüht klar, »wie sehe ich *aus*?« Mit ausgebreiteten Armen drehte ich mich einmal um die eigene Achse, um zu verdeutlichen, worauf ich hinauswollte. Er setzte sich auf und schaute mich stumm nachdenklich an. Ich schwieg zurück, setzte nun aber einen herausfordernden Blick auf. Schließlich räusperte mein Freund sich und sagte so leise, dass ich ihn kaum verstand: »Dünn.«

»*Dünn*?«, echote ich, nun doch hörbar gereizt. »Mehr fällt dir dazu nicht ein?«

Daniel hob in hilfloser Geste Schultern und Arme. »Ich habe dir schon öfter gesagt, dass du sehr dünn bist«, presste er jetzt hervor, als ob diese Aussage das von mir geforderte *Mehr* an Äußerung über mein optisches Erscheinungsbild enthielte. Ich hatte den Eindruck, er verteidigte sich gegen einen Vorwurf, den ich weder ausgesprochen noch gedacht hatte. Irritiert schüttelte ich den Kopf und versuchte es mit einer anderen Herangehensweise: »*Gefalle* ich dir so, wie ich bin?«, fragte ich. Sogleich hellte Daniels Gesicht sich auf, und mit fester, lauter Stimme tat er beflissentlich kund: »Du gefällst mir *immer*, Schatz. Ich liebe dich. Immer.« Ich verzog den Mund zu einem schmerzhaften Lächeln. Er sagte die Wahrheit, dessen war ich mir gewiss, und ich freute mich darüber. Aber ich hatte in dieser Situation etwas anderes hören wollen, hören *müssen,* und so zweifelte ich prompt an meinen eigenen Zweifeln über mein Aussehen. Die Magersucht-Stimme in mir war wieder zum Leben erwacht und konstatierte: Siehste! Alles halb so wild, sonst würde Daniel schon was sagen. Den Gedanken, dass mein Freund mich ebenso sehr liebte, wie er hilflos war, und es beim besten Willen einfach nicht *schaffte*, mich mit meinem offensichtlichen Problem zu konfrontieren, übertönte Anorexia athletica spielend.

»Ich liebe dich auch«, sagte ich und holte mir an der Strandbar eine Cola Light. Als ich zurückkam, hatte mein Liebster ein Kartenspiel aus der Tasche gezogen und forderte mich zu einer Partie Rommé auf. Das Thema war also definitiv gegessen. Haha.

16

VOM LAUFBAND IM HAMSTERRAD

Kaum war die heimische Wohnungstür nach unserer Rückkehr hinter uns ins Schloss gefallen, stürzte ich mich auf die Waage. Ich war förmlich auf Entzug von meiner täglich mehrfach durchgeführten Gewichtskontrolle und atmete erleichtert auf, als die Anzeige mich über 41 Kilo informierte. Nach zwei Wochen All-inclusive mit einem Kilo *weniger* heimkommen, ist wohl auch eine Erfahrung, die nicht jeder mit mir teilt …

Sobald ich wieder heimischen Boden unter den Füßen hatte, lief ich wieder in meinem gewohnten Hamsterrad. Und freilich lief ich nicht nur dort: Entdeckte ich auch nur die kleinste Lücke in meinem Terminkalender, der mit meinem Masterstudium und dem Job im Verlag durchaus gut gefüllt war, hetzte ich in den Fitnesstempel. Und um ehrlich zu sein: Ließ sich hin und wieder kein Zeitfenster für meinen Sportwahnsinn finden, schuf ich mir eines. Als Asthmatiker und Raucher gehörte ein vorgespielter Hustenanfall zu meinen leichtesten Übungen, und ich entließ mich mehr als einmal mit einer angeblichen schweren Erkältung und der Sporttasche unterm Arm früher von der Arbeit. Ebenso abgeklärt cancelte ich Verabredungen mit Freunden. Migräne, Schnupfen, Hausarbeiten, Magenverstimmung, Behördengänge … Mein Potpourri an Ausreden war im Gegensatz zu meiner Ernährung reichhaltig und abwechslungsreich.

Statt also meiner Arbeit nachzugehen oder soziale Kontakte zu pflegen, stellte ich mich lieber aufs Laufband und rannte 20 Kilometer, ohne mich vom Fleck zu rühren. Um meinen Masochismus zu maximieren, schaltete ich auf dem kleinen Fernseher, der in das Folterinstrument integriert war, jede Koch-Show an, die ich finden konnte. Eines Tages verfolgte ich auf Kilometer 17 gerade gespannt die Herstellung selbst gemachter Ravioli, als mir plötzlich schwarz vor Augen wurde. Postwendend kippte ich vornüber und schlug unsanft mit dem Gesicht auf der Gummibeschichtung des Laufbands auf, welches mich zügig einige Meter rückwärts und von ihm herab beförderte. Platt wie eine Flunder lag ich hinter dem Sportgerät und kam wieder zur Besinnung. Obwohl das wohl kaum der richtige Ausdruck ist – *wäre* ich noch bei Sinnen gewesen, hätte ich mich sicher nicht umgehend wieder aufgerappelt und den Umstehenden versichert, ich sei bloß gestolpert, um sofort erneut das Laufband zu besteigen. Auf welche Reserven mein Körper für die letzten drei Kilometer meiner Strecke zurückgriff, weiß ich genauso wenig wie die Platzierung des Ravioli-Kandidaten aus der TV-Sendung. *Ich* lief auf der Stelle und *alles andere* an mir vorbei.

Abends war ich nun meistens so erledigt, dass ich zu kaum mehr imstande war, als reg- und wortlos auf dem Sofa vor mich hin zu vegetieren. Die Stimmen aus dem Fernseher klangen häufig nur noch dumpf in meinen Ohren, und angeregte Unterhaltungen mit Daniel wurden selten. Ihm verkaufte ich meine Erschöpfung und Lethargie als harmlose Herbstdepression, und er konnte weiter seine Scheuklappen tragen.

Ohne Frage war ich in jener Zeit sehr, sehr unglücklich. Doch auch diesem Gefühl gegenüber war ich derart abgestumpft, dass es mich nur selten wirklich schmerzte. Einmal kam ein alter Kumpel von Daniel, den ich schon immer besonders mochte, für einen Tag auf Stippvisite nach Berlin. Er besuchte uns zu Hause und schmiedete gemeinsam mit Daniel Pläne für den Abend, der irgendwo in größerer Runde gefeiert werden sollte. Zu gern wäre ich Teil der Gruppe gewesen und hätte endlich einmal wieder etwas Unbeschwertheit erlebt. Dieser Kraftanstrengung war mein geschwächter Körper jedoch nicht gewachsen, und so verabschiedete ich die beiden mit einer Ausrede an der Tür und wünschte ihnen viel Spaß.

Als ich hörte, wie sich ihre Schritte auf der Treppe entfernten, sank ich mit dem Rücken zur Wand auf den Fußboden und heulte. In der plötzlichen Stille der Wohnung vernahm ich kein anderes Geräusch als mein eigenes Schluchzen, was mich schlagartig wütend auf mich selbst werden ließ. Beschämt schalt ich mich für meine Verzweiflung. Schließlich war die Situation, in der ich mich befand, doch selbst verschuldet, und wenn ich nicht selbst etwas daran änderte, brauchte ich auch kein solches Theater zu veranstalten. Ich atmete ein paar Mal durch, stand auf und klopfte mir imaginären Staub von der Hose. Dann ging ich in die Küche, aß einen halben Kohlrabi mit Salz zum Abendbrot und legte mich noch vor der *Tagesschau* schlafen.

17

SAUBERE ARBEIT MIT SCHMUTZIGEN HINTERGEDANKEN

Bei einem meiner ausgedehnten Streifzüge durch den Supermarkt blieb mein Blick am dortigen Schwarzen Brett hängen. Ein Ehepaar aus der Nachbarschaft suchte über einen Aushang nach einer Putzfrau für ihre 120-Quadratmeter-Wohnung. Zwar hatte ich ja erst kürzlich aus Zeitmangel heraus die Brocken bei Brautmoden Plus hingeworfen, aber die Aussicht auf ein zusätzliches Work-out mit Feudel und Schrubber war in meinen Augen äußerst verlockend. Die Geschmäcker sind eben verschieden, nicht wahr …?

Ich tippte die angegebene Nummer noch vor Ort in mein Handy ein und hatte schnell Frau Weiß an der Strippe, mit der ich noch für den gleichen Abend ein Vorstellungsgespräch vereinbarte. Als sie mir die Tür öffnete, zeigte sie sich überrascht über die Bewerbung einer jungen Studentin wie mir. Entweder war sie der Meinung, dass das Reinemachen eine Fähigkeit ist, die erst nach längerer Lebenserfahrung erworben wird, oder sie dachte sogleich an den Stereotyp der hygienischen Verhältnisse in Studentenbuden. Wir setzten uns zum Gespräch an den Küchentisch, und ohne Umschweife räumte ich ihre Zweifel an meiner Expertise aus, indem ich sie darüber informierte, dass ich in den vergangenen Jahren nicht nur meinen eigenen Haushalt, sondern in weiten Teilen auch den meiner kranken Eltern geschmissen hatte. Anschließend strich ich mit der Hand über die unbehandelte Tischplatte und merkte fachmännisch an, dass diese einer Imprägnierung bedürfe, um das Holz zu schützen und das Eindringen von Bakterien zu verhindern. Solche Tätigkeiten seien selbstverständlich in meinem Leistungskatalog inkludiert, sagte ich, und Frau Weiß stand auf, um mir den Wohnungsschlüssel auszuhändigen. Wir vereinbarten, dass ich fortan einmal wöchentlich alle anfallenden Hausarbeiten erledigen würde, während meine neuen Arbeitgeber im Büro waren.

»Du machst doch Witze, oder?«, fragte Daniel mich ungläubig, als er ihm daheim von meiner neuen Einkommensquelle berichtete. Ich rollte innerlich mit den Augen – so eine ähnliche Reaktion hatte ich mir bereits ausgemalt, zeigte mich nach außen hin aber überrascht: »Warum sollte das denn ein Scherz sein?« Daniel schaute mich einen Augenblick lang ausdruckslos an und schüttelte dann den Kopf. »Lala, du hast doch wirklich schon genug um die Ohren. Da verstehe ich einfach nicht, warum du dir schon wieder eine zusätzliche Stelle gesucht hast. Am Geld kann es doch nicht liegen, du hast doch von deinen Eltern etwas geerbt und ...« – »Diese Erbschaft werde ich nicht anrühren, wenn es nicht *unbedingt* notwendig ist, wie du weißt!«, übertönte ich meinen Freund und beendete so seinen Satz.

Er wusste eigentlich von meinem distanzierten Verhältnis dem Erbe gegenüber. Das Geld, zu dem ich auf diesem unschönen Wege gekommen bin, war von meinen Eltern ursprünglich als Altersvorsorge gedacht gewesen. Mein fleißiger und sparsamer Vater träumte zu Lebzeiten ständig von seiner Rente, in der er reisen, einen Tauchkurs absolvieren, eine Whale-Watching-Tour unternehmen und die Casinos in Las Vegas unsicher machen wollte. Doch der Krebs hatte ihm mit gerade einmal 52 Jahren einen Strich durch die Rechnung gemacht. So war von ihm nichts weiter übrig geblieben als ein Haufen Asche, ein

Haufen unerfüllter Wünsche und ein Haufen Geld, der nun auf meinem Konto lag und zu meinem persönlichen Vanitas-Motiv geworden war. Jeder Kontoauszug war für mich mit der imaginären Überschrift »Memento mori« versehen. Nur ein einziges Mal hatte ich mich bisher zu »Vergnügungszwecken« an dem Erbe gütlich getan. Ich war in Gedenken an Papa mit meiner engen Freundin Rudi zu einer Reise nach Sri Lanka aufgebrochen, wo ich einen Tauchgang unternahm und mich außerdem vom Reiseveranstalter in einer Nussschale von Boot sechs Stunden auf die offene See fahren ließ, um Blauwale zu beobachten. Beides war großartig und abenteuerlich gewesen. Und beides war mit einem bitteren Beigeschmack versehen. Mir wurde klar, dass der Verlust meines Vaters sich nicht nur durch das stellvertretende Ausleben seiner Träume relativieren ließ. Stattdessen beschlich mich das Gefühl, es mir auf seine Kosten gut gehen zu lassen. Seither kaufte und unternahm ich ausschließlich, was ich mir von meinem selbst verdienten Geld eben leisten konnte, und tat so, als existierte die Erbschaft nicht. Etwas Besseres ist mir übrigens bis heute nicht eingefallen.

»Was ich dort verdiene, kommt in die Reisekasse; dann hast du auch noch etwas davon«, versuchte ich nun Daniels Skepsis über meine Mutation zur Putzfee abzumildern. »Außerdem ist das doch wirklich eine ganz entspannte Arbeit: Das Ehepaar ist nicht dort, wenn ich sauber mache, und ich kann alles ganz in Ruhe mit einem Hörbuch auf den Ohren erledigen.« Meinem Freund fielen keine Gegenargumente mehr ein, und er verzog sich ins Arbeitszimmer, um irgendetwas für die Uni zu schreiben. Erleichtert trug ich meinen neuen Wochentermin in den Kalender ein und ging unter die Dusche.

Als ich zum ersten Mal allein die großzügige Wohnung betrat, hatte Frau Weiß zuvor bereits für mich unzählige Putzutensilien im Flur aufeinandergestapelt. Die so entstandene Skulptur hätte sich in einer Galerie mit der richtigen Verkaufsstrategie sicherlich als modernes Kunstwerk für gutes Geld verkaufen lassen. Dass dies nicht der Fall war, lag jedenfalls nicht daran, dass *ich* die Skulptur zerstörte, denn den bereitgestellten Besen und Wischmopp ließ ich links liegen. Mit solcherlei Hilfsmitteln hätte ich mir die Arbeit ja *erleichtert,* und das war für mich nun wirklich nicht Zweck der Übung. Stattdessen schrubbte ich auf allen vieren und mit ordentlich Druck akribisch das Laminat wie ein Mörder bei der Spurenbeseitigung. Ständig lief ich ins Bad, um das Wasser zu wechseln und so den schweren Eimer möglichst häufig von A nach B schleppen zu können. Beim Säubern der hohen Spiegelschränke im Schlafzimmer nahm ich keine Leiter zu Hilfe, sondern seifte die Glasflächen ein, indem ich vor dem Aufbewahrungsmöbel mit dem Lappen in der Hand Hock-Streck-Sprünge absolvierte. Den Staubsauger zog ich nicht hinter mir her, sondern trug das wunderbar schwere Ding von einem Zimmer ins nächste. Ausgiebig widmete ich mich außerdem dem Ausschütteln und Abklopfen der Badvorleger und Teppichläufer, bis mir die Muskeln in den Armen zitterten. Meine neuen Arbeitgeber waren äußerst zufrieden mit mir, und ich war happy über jeden Tropfen Schweiß, der mir beim Scheißhausputzen über das ausgemergelte Gesicht rann.

»Ich will ja nicht indiskret sein«, eröffnete Maria das Gespräch, als ich ihr bei unserem nächsten Treffen von Ehepaar Weiß berichtete, »aber habt ihr es finanziell so nötig, dass du jetzt neben Masterstudium und deiner Arbeit im Verlag zusätzlich noch *putzen* gehst?« Ich drehte ihr prompt das Wort im Munde um: »Wieso betonst du ›putzen‹ denn so verächtlich? Was ist verwerflich daran, putzen zu gehen?« Maria hob beschwichtigend die Hände. »So meinte ich das doch gar nicht. Ich fürchte nur, dass du dir zu viel …« – »Ich finde deine Haltung ziemlich snobistisch, wenn ich ehrlich sein soll«, fuhr ich ihr vollkommen unehrlich in die Parade. »Ich bin mir jedenfalls für nichts zu schade, und bei dieser Arbeit sehe ich endlich mal ein echtes, *sauberes* Ergebnis. Das kann ich weder von der Uni noch vom Verlag behaupten.« Meine Freundin nickte betont verständnisvoll, ließ sich aber so leicht nicht zum Schweigen bringen. »Das kann ich nachvollziehen. Es geht mir auch gar nicht darum, als *was* du arbeitest, sondern darum, *dass* du ständig arbeitest. Seit die Sache mit deinen Eltern passiert ist …« – »Du meinst sterben. Die Sache nennt sich *sterben*. Warum mag das denn nie jemand aussprechen?«, echauffierte ich mich wie immer sofort über den mir absolut unverständlichen Umstand, dass meine Gesprächspartner sich ständig um die konkrete Formulierung der schlichten Tatsache, dass meine Eltern tot sind, herumzudrücken versuchen. Der Tod scheint in unserer Gesellschaft noch immer ein Tabuthema zu sein, über das genauso ungern gesprochen wird wie über Genitalherpes.

»Lenk jetzt nicht ab!«, forderte Maria mich auf. »Du bist seither jedenfalls ohne Unterbrechung mit irgendetwas beschäftigt und stürzt dich von einer Aufgabe in die nächste. Man muss dich doch nur einmal anschauen, um zu sehen, wie sehr das an deinen Kräften zehrt!« – »Das sagt ja gerade die Richtige«, spöttelte ich. »Du hockst doch selbst oft genug bis in die Nacht hinein im Büro und ackerst bis zum Umfallen.« Eine cleverere Verteidigungsstrategie als quasi einfach mit dem Finger auf Maria zu zeigen und »Selber!« zu rufen hatte ich nicht vorzuweisen. Dennoch stimmte, was ich sagte, und sogleich schaute sie betreten drein. »Ja, das stimmt schon. Aber das würde ich nicht tun, wenn es auch anders ginge.«

Nun war es an mir, verständnisvoll zu nicken. »Das kann ich mir gut vorstellen. Aber ich sehe das so: In ein paar Monaten habe ich meinen Master in der Tasche und beginne das Referendariat. Die nächsten Jahrzehnte lang wird sich bei mir alles rund ums Thema Schule drehen. Mir bleibt also nur noch wenig Zeit dafür, Erfahrungen in anderen Jobs zu sammeln, und diese Gelegenheit will ich mir nicht entgehen lassen.«

Jetzt musste Maria lachen. »Also hast du dich insgeheim schon ewig danach gesehnt, in den Traumberuf Putzfrau hineinzuschnuppern?«

Ich grinste und sagte ihr, zumindest teilweise, meine ehrliche Meinung: »Das hat einfach nur etwas mit Neugierde zu tun. Ich glaube, jede Arbeit birgt besondere Herausforderungen oder Aufgaben, von denen man gar nichts ahnt, wenn man sich nicht selbst darin ausprobiert.«

»Ja, das passt zu dir«, antwortete Maria lächelnd, »du hast ja auch früher schon viel Ehrenamtliches gemacht, weil du dir die Dinge immer ›von innen‹ anschauen wolltest. Dann hole ich mir bei dir demnächst also einen Insider-Tipp, bevor ich neuen Glasreiniger kaufe.«

Ich atmete erleichtert auf. Immerhin endete ausnahmsweise einmal eine Diskussion über meine Lebensführung friedlich.

18

SCHLOTTERN FÜR DEN SCHLANKHEITSWAHN

Der Job als Putzfrau gefiel mir wirklich gut, auch wenn ich mir natürlich Erquicklicheres vorstellen konnte, als Toiletten zu schrubben und bäuchlings auf dem Boden zu liegen, um unter dem Bett fremder Leute nach Staubmäusen zu jagen. Aber Ehepaar Weiß wohnte direkt am Waldrand, und so nutzte ich die Schufterei im Haushalt als Aufwärmübung für die anschließende Jogging-Runde im Grünen. Meine Laufklamotten hatte ich ja ohnehin stets dabei wie ein lebenswichtiges Medikament. Außerdem war ich froh darüber, bei der Arbeit keinen anderen Menschen über den Weg zu laufen. Ausnahmsweise ließ ich mir somit von den Sprechern meiner Hörbücher Geschichten *erzählen,* anstatt selbst welche zu erfinden, die mein Tun und Lassen vor meinem Umfeld rechtfertigten.

Jetzt begann die Zeit meines sozialen Rückzugs. Mir fehlte schlichtweg jedes Interesse am Leben meiner Freunde – ich nahm ja nicht einmal an meinem eigenen noch aktiv teil. Verabredungen nahm ich nur noch wahr, wenn ich mich durch gesellschaftliche Anlässe wie Geburtstage oder Feiertage zur Teilnahme gezwungen sah. Mit Spaß hatten solche Events für mich nur wenig zu tun, da damit natürlich gemeinsame Nahrungsaufnahme einherging, die unvermeidlich war und zugleich unbedingt vermieden werden musste. Wenn Protagonisten in Büchern in schlechter Gemütsverfassung sind, habe ich schon oft von einem »Gefühl der inneren Leere« gelesen. Auf mich traf dieser Ausdruck nicht zu, denn auch ein Gefühl innerer Leere ist noch immer ein *Gefühl.* Ich hingegen fühlte rein gar nichts mehr. Wenn der Wecker klingelte, stand ich auf und tat, was ich eben tun musste. Stoisch brachte ich Uni- und Arbeitstage hinter mich, wobei mir Inhalte und Aufgaben hier wie dort am Allerwertesten vorbeigingen.

Daniel gegenüber war ich freundlich verhalten, agierte und reagierte aufgrund meines schauspielerischen Talents aber offenbar noch hinreichend »normal«, um ihn weiterhin ruhig zu halten. Gedanken darüber, ob ich überhaupt noch an der Beziehung zu ihm interessiert war, machte ich mir keine. Hierfür wäre eine Auseinandersetzung mit Gefühlen nötig gewesen, die sich mir weder Richtung Beziehungsende noch Richtung Beziehungsfortsetzung offenbaren wollten. Also nahm ich es mit Daniel wie mit allem anderen auch und arbeitete meine partnerschaftlichen Pflichten leidenschaftslos ab. Wenn er sich mit einem Problem an mich wandte, unterbreitete ich Lösungsvorschläge. Wenn er mich nach meiner Meinung fragte, tat ich sie kund. Wenn er heimkam, stellte ich ihm das Essen auf den Tisch. Sex spielte eigentlich *keine* Rolle mehr zwischen uns. Ich selbst verspürte diesbezüglich (wen wundert's?) kein Verlangen, und Daniel hielt sich ebenfalls mit entsprechenden Versuchen zurück. Ob das mit meinem äußeren Erscheinungsbild zusammenhing, meinem distanzierten Verhalten geschuldet war oder andere Gründe hatte, kann ich nicht sagen. Dem geneigten Leser wird bereits aufgefallen sein, dass Daniel nicht gerade ein Mann der großen Worte war, wenn es um Problemerörterungen ging.

Nur wenigen Themen widmete ich mit ehrlichem Interesse meine Aufmerksamkeit – Überraschung: Essen und Sport. Beschaute man sich meinen Suchverlauf im Internet und sollte daraus Rückschlüsse über meine Person ziehen, hätte man nur zu zwei Ergebnissen kommen können: Entweder musste ich eine extrem ambitionierte Studentin der Sport- und Ernährungswissenschaften sein oder eine Verrückte. Nun, die Antwort kennen Sie ja.

Ich tippte mir am PC regelrecht die Finger wund auf der Suche nach den effektivsten Work-outs, den neuesten Trends auf dem Diät-Markt und Low-Carb-Rezepten. Ich war frustriert und ratlos, denn seit einiger Zeit wollte es auf der Waage einfach nicht weiter abwärts gehen. In meiner Verzweiflung griff ich nun trotz Minusgraden wieder in den Karton mit meinen Sommerklamotten und trug täglich meine leichtesten Hosen und Tops zur Schau. Auf diesen glorreichen Einfall kam ich, nachdem ich mir online einen Artikel mit der zweifelhaften Überschrift »Frier dich schlank!« zu Gemüte geführt hatte. Dieser versprach, man könne sich bis zu neun Kilogramm Körpergewicht einfach »wegfrieren«. Die wissenschaftlichen Grundlagen für diese Behauptung waren zwar mehr als dürftig, aber die mangelhafte Seriosität solcher Beiträge juckte mich schon lange nicht mehr. Probieren geht über Studieren, dachte ich und schlotterte hoffnungsvoll vor mich hin. Der gewünschte Erfolg stellte sich trotzdem nicht ein. Ich konnte hungern, joggen und bibbern, so viel ich wollte – die 40-Kilo-Marke wollte sich partout nicht knacken lassen.

In allen anderen Lebensbereichen hingegen lief es weiter beständig bergab. Meine zugegebenermaßen noch nie sonderlich beeindruckende Haarpracht war inzwischen gänzlich verloren. Wenn ich mir meine verbliebenen Härchen zusammenband, sah ich von der Haarstruktur und -fülle her aus wie eine Eineinhalbjährige, der Mutti das erste Zöpfchen zurechtfrisiert hatte. Zu allem Überfluss verkehrte sich dieser unschöne Umstand an meinem restlichen Körper dafür ins Gegenteil: An den Armen, meinen Hühnerbrüstchen und im Gesicht breitete sich zunehmend ein heller Flaum aus. Kam ich aus der Dusche und betrachtete mich im Badezimmerspiegel, sah ich, dass sich die Wassertropfen in meiner ominösen neuen Körperbehaarung verfangen hatten und meine Hautoberfläche glänzen und schimmern ließen wie eine mit frischem Tau belegte Wiese oder ein Mitglied der Vampir-Clique aus der *Twilight*-Saga. Fatalistisch rasierte ich fortan eben einige Körperareale mehr als üblich und machte mir weis, das Phänomen wäre einem erhöhten Testosteronspiegel durch den Sport geschuldet. Mit Hilfe dieser kühnen Theorie schaffte ich es tatsächlich, mir einzureden, der Flaum sei als Ausdruck intensiver sportlicher Betätigung ein Zeichen besonderer körperlicher Gesundheit, obschon ich selbst de facto die fleischgewordene Antithese zu dieser Behauptung war.

Ebenso borniert schob ich meine trockenen Schleimhäute auf die Heizungsluft und schlitterte in eine Abhängigkeit von Nasenspray und Augentropfen, die ich als eines meiner unfreiwilligen »Andenken« an diese Zeit bis heute beibehalten habe. Wenn Sie mich also einmal mit rotgeränderten Augen auf der Straße an sich vorbeiziehen sehen, keine Sorge: mein trüber Blick ist »nur« der Sucht geschuldet. Wahrscheinlich bin ich gerade unterwegs auf der Suche nach einer Apotheke, in der man mir meinen Stoff noch über den Tresen schiebt, ohne eine strenge Bemerkung über meine häufigen Einkäufe der entsprechenden Mittelchen vom Stapel zu lassen.

Dass auch meine Haut vor lauter Mangel an Feuchtigkeit am ganzen Körper juckte, schrieb ich der Neurodermitis zu, an der ich von Geburt an litt. Diese hatte sich zwar im Laufe der Jahre drastisch zurückgebildet, aber nun offenbar noch einmal zum Angriff geblasen. Ein anderer Grund fiel mir ebenso wenig ein wie eine adäquate Behandlungsmethode. Natürlich wusste ich als jahrelange Patientin, dass ich mich diesbezüglich mit reichhaltigen Salben hätte versorgen müssen. Aber in meinen verqueren Denkmustern hatte sich der Glaube manifestiert, mein Körper würde das in den Cremes enthaltene Fett einlagern und somit eine Gewichtszunahme auslösen. Da kratzte ich lieber nach Herzenslust an mir herum und sah phlegmatisch zu, wie haufenweise Hautschüppchen an mir herunterrieselten.

Nachts bekam ich kaum noch ein Auge zu, weil ich ständig von Schmerzen aus dem Schlaf gerissen wurde, wenn meine knorrigen Knie aufeinanderlagen. Oder ich erwachte, weil mein eigener Herzschlag mir plötzlich lautstark in den Ohren dröhnte. Mein Herz schien in diesen Momenten mit besonderer Intensität, aber zugleich auch besonders langsam zu schlagen. Mehr als einmal lag ich deshalb mit angstgeweiteten Augen im Dunkeln und fürchtete, es würde nun seinen Dienst einstellen. Kurzum: Es lief bei mir, zwar rückwärts und bergab – aber es lief.

19

HERZRASEN UND HERZENSANGELEGENHEITEN

Weihnachten stand vor der Tür – wohl für alle Essgestörten eine Zeit, die von der sprichwörtlichen »Besinnlichkeit« nicht weiter entfernt sein könnte. Früher hatte ich gerne Weihnachtsmärkte besucht, mich an der Beleuchtung in Straßen und Geschäften erfreut und meine Wohnung alljährlich in ein an Kitsch kaum zu überbietendes Winterwunderland verwandelt. Woher mein Spleen für Weihnachten gekommen ist, bleibt mir nach wie vor ein Rätsel. Vielleicht war er mein unbewusstes Kontrastprogramm zu den besonders heftigen Streitereien, die meine Eltern rund um die Feiertage stets auszufechten pflegten.

Wie auch immer war es auch mit dieser Leidenschaft nun vorbei. Mühsam umschiffte ich die diversen im Büro feilgebotenen Plätzchenteller, und vor der Weihnachtsfeier kleidete ich die Taschen meiner XXL-Strickjacke vorsorglich mit Plastikfolie aus. Ich kam mit dem Weiterschenken der mir zugedachten Schokolade kaum noch hinterher und legte diese schließlich wie der Nikolaus vor den Türen mir völlig unbekannter Menschen ab. Während ich einst fröhlich stundenlang auf der Suche nach passenden Geschenken durch die Kaufhäuser schlendern konnte, bestellte ich jetzt pragmatisch und mit ordentlichem Personalrabatt durch den Verlag für jedermann ein Buch. Daniel und ich hatten vor Weihnachten wegen unterschiedlicher Weihnachtsfeiern und Uni-Stress nur wenig Zeit miteinander verbracht, und einen Geschenkwunsch hat er nicht geäußert. Doch für ihn wurde der Begriff »Leseratte« sicher nicht erfunden, daher besorgte ich ihm ein paar gute Kopfhörer und hatte, wie ich fand, meine Schuldigkeit getan.

Die Fastenkur, die ich mir vor dem Familienessen am Weihnachtsabend bei Daniels Großmutter verordnet hatte, erwies sich glücklicherweise als überflüssig. Dort war es Tradition, dass alle Gäste einen Teil zum Buffet beisteuerten, und den meisten war schlicht entfallen, dass ich (wirklich!) keine Nüsse essen darf und dem Vegetarismus anhänge. So nahm ich am Heiligabend vielfach Entschuldigungen entgegen, die meiner Ansicht nach natürlich alles andere als notwendig waren, weil ich mir nun völlig entspannt und unbehelligt lediglich meinen mitgebrachten Rohkostsalat und etwas Kartoffelbrei auf den Teller legen durfte. Anschließend wurden Geschenke und Höflichkeiten ausgetauscht, und ich fuhr mit Daniel nach Hause, wo wir in die Rolle meiner Eltern schlüpften und einen Streit vom Zaun brachen. Wie so oft war ihm die Zeit davongelaufen, und er konnte nicht mit einem Weihnachtspräsent für mich aufwarten, worauf ich gelinde gesagt etwas beleidigt reagierte.

Auch tags darauf war die Stimmung daheim passend zum Wetter frostig. Am zweiten Weihnachtsfeiertag verkrümelte mein Freund sich zu einem Kumpel, und ich hing nach meiner Jogging-Runde indolent auf der Couch herum. Gegen Abend traf Daniel wieder in der Wohnung ein und stromerte aufgeregt durch die Zimmer. Derart betriebsam erlebte ich ihn nur selten und setzte mich interessiert auf. »Was treibst du denn da so hektisch?«, rief ich in den Flur hinüber. »Ich … Nix!«, schallte mir die semantisch und syntaktisch unzureichende Antwort entgegen. »Wenn das bei dir *nix* ist, würde ich dich gerne mal sehen, wenn du ein echtes Projekt in die Tat umsetzt!«, konnte ich mir eine scherzhafte Stichelei nicht verkneifen. Wenige Momente später kam Daniel mit hinter dem Rücken verborgenen Händen zu mir ins Wohnzimmer. Wortlos setzte er sich auf die äußere Sofakante, als fürchtete er, mir zu nahe zu kommen. Fragend sah ich ihn an, bis er sich endlich räusperte. »Also … Das mit dem Weihnachtsgeschenk für dich tut mir sehr leid, aber eigentlich … Eigentlich habe ich sehr wohl eine Kleinigkeit für dich, weißt du?« Ich wusste nicht und schüttelte stirnrunzelnd den Kopf. Da zog er ein kleines Päckchen hinter sich hervor und legte es behutsam vor mir auf den Tisch. »Das ist für dich«, presste er sichtlich angespannt heraus und setzte ein unsicheres Grinsen auf. Daniel hatte sich schon oft als wahrer Verpackungskünstler präsentiert und hätte mit ziemlicher Gewissheit selbst den Reichstag hübscher verhüllen können als Christo. Ein derart aufwendig und schön eingewickeltes Geschenk allerdings hatte ich noch nie von ihm erhalten und musste lächeln. Anders als üblich riss ich das Papier nicht achtlos herunter, sondern beförderte vorsichtig die darin befindliche Juwelierschachtel zu Tage. Ich hob den Deckel ab und erblickte einen weißgoldenen, diamantenbesetzten Ring. Schlagartig blieb mir das Herz stehen, und ich stellte vorübergehend das Atmen ein. »Was … was …«, brachte ich völlig verdattert hervor und starrte mein Gegenüber an. Daniel holte tief Luft, sah mir fest in die Augen und fragte: »Lala, willst du mich heiraten?«

Mein Herz kam nun zwar wieder in Gang, dafür schlug es mir jetzt aber gleich bis zum Hals, und meine Gedanken überschlugen sich. Will ich das? Will ich das? Und warum will *er* das? Warum *jetzt*? Wohl kaum, weil es gerade so *super* zwischen uns läuft, oder? *Will* ich das??? Mir wurde klar, dass ich auf diese Fragen in den Bruchteilen von Sekunden, die mir noch für eine Reaktion blieben, bevor mein Schweigen quasi fehlgedeutet werden *musste*, keine Antwort finden konnte. Mein Verstand schwang also auf die Vernunftebene (?) um und resümierte: Daniel und ich sind nun seit beinahe sieben Jahren ein Paar, und wir leben in einer gemeinsamen Wohnung. In den vergangenen Monaten hat sich unsere Beziehung nicht gerade intensiviert. Aber jede Partnerschaft durchläuft schwierige Phasen. Das ist normal, das gehört dazu. Nach so langer Zeit erbittet man sich keine Bedenkzeit über einen Heiratsantrag, denn das käme einer Absage gleich. Eine gemeinsame Hochzeit ist die folgerichtige Konsequenz gesellschaftlicher Gepflogenheiten und muss daher vollzogen werden.

Tja, so denken Menschen, die ihre Gefühle nicht zulassen können. Also war es nun an mir durchzuatmen, und ich sagte: »Daniel, *natürlich* heiraten wir!« Prompt schlang er die Arme um mich und warf mich auf der Couch nach hinten um, wo er mein Gesicht mit Küssen bedeckte. Reflexhaft umarmte ich ihn ebenfalls und fühlte mich … Na, Sie kennen ja mein damaliges Problem. Ich fühlte mich *überhaupt* nicht, aber geschockt war ich. Geschockt und unsicher und überfordert. »Wollen wir zur Feier des Tages in ein schönes Restaurant gehen?«, erkundigte sich mein Frischverlobter und riss mich aus meiner Schockstarre. »Nein, lass nur«, hörte ich mich sagen, »ich würde den Abend am liebsten mit dir allein verbringen.« – »Alles klar, mein Schatz«, sagte Daniel und verabschiedete sich kurz ins Bad.

Ich saß allein im Wohnzimmer und schüttelte unwillkürlich den Kopf über seine Frage, ob wir gemeinsam essen gehen wollten. Hat er wahrhaftig noch immer nicht begriffen, dass solche Unternehmungen für mich ein Höchstmaß an Stress bedeuten?, fragte ich mich. Ist er sich wirklich in keiner Weise darüber bewusst, dass ich ein Problem habe? Bei diesem Gedanken stutzte ich und erlebte endlich, endlich nach dem Urlaub in der Dominikanischen Republik wieder einen »wachen Moment«. Scheiße – ich habe ein Problem, konstatierte ich gedanklich. Ich habe verdammt noch mal ein riesengroßes Problem, und dafür gibt es sogar ein Wort: Magersucht.

Ich möchte Sie nicht enttäuschen, daher warne ich Sie: Bitte schauen Sie jetzt nicht erleichtert von Ihrem Buch auf und denken sich: Endlich! Sie hat's kapiert! Jetzt wird alles wieder gut! Dahin gehend muss ich leider jedwede Euphorie bremsen. Der Volksmund stellt zwar fest, dass Erkenntnis der erste Schritt zur Besserung ist, gibt aber aus gutem Grund keine Auskunft darüber, wie es um die Zeitspanne zwischen der Einsicht und besagtem ersten Schritt bestellt ist. Standhaft wie ich eben war, rührte ich mich jedenfalls erst mal nicht vom Fleck, um irgendwie in Richtung Genesung aktiv zu werden.

Daniel und ich verlebten unseren ersten gemeinsamen Abend als Verlobungspaar auf der Couch vor der Glotze. Nicht für Geld und gute Worte könnte ich heute noch sagen, was wir uns da angeschaut haben. Der Schreck über meine Krankheitseinsicht hatte mich hart und tief getroffen. Zudem fielen mir Workaholic sogleich zahlreiche Erledigungen ein, die im Zuge von Hochzeitsvorbereitungen anfallen würden, und ich schlug in Anbetracht dessen innerlich bereits die Hände über dem Kopf zusammen. Außerdem kam ich nicht umhin, mich zu fragen, ob mein Herz auf Daniels Frage hin nicht eher einen freudigen Hüpfer hätte machen sollen anstatt panisch zu rasen, als wäre mir zuvor eine Adrenalinspritze injiziert worden.

20

SCHWERMUT BEI EINEM LEICHTGEWICHT

Schon seit geraumer Zeit war die Diskrepanz zwischen meinem seelischen Zustand und dem, den ich nach außen hin präsentierte, groß. Doch in den folgenden Wochen sah ich mich dazu gezwungen, ein regelrechtes Janusgesicht aufzusetzen. Wieder und wieder erzählte ich mit angemessen verträumter Mimik den unterschiedlichsten Leuten von der weihnachtlichen Verlobungsaktion und fachsimpelte artig mit meinen enthusiastischen Freunden über Kleider und Catering. Ich riss meine Witze, wie man es eben von mir kannte, und lachte über die anderer an den richtigen Stellen. Die Frist für die Abgabe meiner Masterarbeit hatte begonnen, und ich schrieb fleißig, wenn auch ohne jedes Interesse daran, ein Kapitel nach dem anderen herunter.

Innerlich nahm ich bereits Abschied von alledem. Oft hatte ich mir seit Weihnachten meine Lage vor Augen geführt. Ich stand am Ende eines Studiums, für das ich niemals eine Leidenschaft hegte. Den Weg ins Lehramt hatte ich gewählt, weil ich unbedingt gewillt war, es meinen Eltern recht zu machen. Sie hatten für mich nie den Besuch einer Universität vorgesehen, sondern sahen mich ihrem eigenen Lebensweg entsprechend in einem Ausbildungsberuf. Mein Vater arbeitete in der Buchhaltung eines Verlags, und dort sollte auch ich nach dem Abitur meine Lehre zur Verlagskauffrau beginnen. Ich sagte zwar, dass ich lieber ein Studium beginnen würde, fügte mich dem elterlichen Wunsch aber schließlich, zumal meine Mutter mich ohnehin nur zähneknirschend das Abi hatte machen lassen. Ich kann nicht sagen, wie oft sie mir im Laufe meines Lebens einbläute: »Die Realschule hätte für dich auch gelangt.«

Dass ich trotzdem das Gymnasium besucht hatte, war dem Kindergeburtstag einer Grundschulfreundin geschuldet. Als meine Eltern mich von der Feier abholten und wir schon auf der Hausflurtreppe gen Ausgang waren, lief die Mutter meiner Schulkameradin hinter uns her. Sie war Lehrerin und sagte meiner Mutter und meinem Vater unumwunden, dass sie empfiehlt, mich zeitnah in einem Gymnasium unterzubringen. Sie erklärte meinen ahnungslosen Eltern, dass es Gymnasien gab, die Schüler bereits ab der fünften Klasse aufnahmen, und bot ihre Hilfe bei der Suche nach einer geeigneten Schule an. Was die gute Frau zu ihrem Engagement damals bewegte, weiß ich nicht, aber an dieser Stelle möchte ich mich in aller Form dafür bedanken. Tatsächlich wurde ich an einem humanistischen Gymnasium aufgenommen, überstand Latein, Altgriechisch und Samstagsunterricht weitestgehend unbeschadet und freute mich darüber, es als Erste in der Familie zur Hochschulreife zu bringen.

Ich erzählte meinen Eltern vor dem Abitur, dass ich gern Journalistin werden würde, woraufhin sie mir eine Zukunft als Taxifahrerin ausmalten. Als ich stattdessen Interesse an einer Karriere als Ärztin bekundete, lachte meine Mutter sich scheckig und sprach mich wochenlang spöttelnd mit »Frau Doktor« an. Jeden Berufswunsch, den ich äußerte und der mit einer akademischen Laufbahn verbunden war, kommentierte sie mit den Worten: »Was denkst du eigentlich, wer du bist?« Es liegt wirklich nicht in meiner Absicht, meine Mutter hier schlecht dastehen zu lassen. Aber ihre immense Angst davor, dass ich ihr irgendwann sprichwörtlich auf den Kopf spucken könnte, lässt sich eigentlich nur noch pathologisch begründen.

So landete ich in der Verlagslehre, die ich jedem von Herzen gönne, der Freude daran hat. Für mich persönlich war das ganze Kopieren, Tackern und Abheften leider eine Quälerei, und ich schloss die Ausbildung in einer vorgezogenen Prüfung ab, um schnellstmöglich das Weite zu suchen. Erneut brachte ich zu Hause das Thema Studium auf den Tisch. Mein Vater zeigte sich demgegenüber nun aufgeschlossen, und nach zähen Verhandlungen war auch meine Mutter mit einem Studium einverstanden, sofern dieses definitiv in sogenannte sichere Bahnen führte – und was hätte diesbezüglich näher gelegen als die Beamtenlaufbahn? Also nahm ich die Beine in die Hand und immatrikulierte mich fürs Lehramtsstudium, bevor man es sich bei mir daheim noch anders überlegte. Warum ich mit inzwischen 21 Jahren nicht einfach tat, was ich wirklich wollte? Fragen Sie meinen Therapeuten, vielleicht hat der eine Idee.

So oder so stand ich nun relativ zeitnah vor dem Beginn meiner Lehrerkarriere und verspürte nur wenig Lust dazu, die Kinder (und mich selbst) fortan mit den immer gleichen Vorträgen über Emilia Galotti und Co. zu foltern. Es kam mir vor, als steckte ich einem Korsett, und Daniels Heiratsantrag hatte die Schnürung noch einmal fester gezogen. Der Magersucht hatte ich inzwischen ein paar Mal versucht entgegenzutreten und mir beispielsweise vorgenommen, beim nächsten Bäcker, der meinen Weg kreuzte, eine Streuselschnecke zu kaufen. Das Vorhaben endete damit, dass ich vor der Bäckerei auf und ab lief wie ein werdender Vater vorm Kreißsaal und schließlich unverrichteter Dinge von dannen zog. Ich konnte mich beim besten Willen nicht dazu überreden, von meinen Ernährungsgewohnheiten abzurücken. Es war mir schlichtweg unvorstellbar, dass sich dieser Umstand jemals wieder ändern würde, und meine Zukunftsperspektive in allen Lebensbereichen erschien mir nicht nur düster, sondern dunkelschwarz.

Da zeigte sich, dass ich die Tochter meiner Mutter war. Wie auch sie sah ich bald nur noch eine Lösung für meine scheinbar ausweglose Situation: Selbstmord. Was dieses Thema angeht, muss in meiner Familie irgendwie der Wurm drin sein – schon mein Großvater mütterlicherseits hatte sich das Leben genommen, und meine Mutter hatte zu Lebzeiten stets einen Hang zur Schwermut gehabt, wenn man es freundlich formulieren möchte. Und dieser machte sich nun auch bei mir in aller Deutlichkeit bemerkbar. Während der nichts ahnende Daniel mir in der Bahn gegenübersaß und ein Spiel auf seinem Smartphone daddelte, googelte ich auf meinem eigenen danach, bei welcher Geschwindigkeit ein Zusammenstoß mit einem Baum tödlich endet und wie sich das Auslösen der Airbags meines Autos verhindern ließe.

Zugegeben, die Methode ist martialisch, und die Vorstellung, dass meine blutüberströmte Leiche von irgendwelchen armen Feuerwehrleuten aus dem Autowrack gezogen werden müsste, reizte mich keineswegs. Aber der qualvoll gescheiterte erste Suizidversuch meiner Mutter hatte mich rasch von der naheliegenden Idee an einen Medikamenten-Cocktail Abstand nehmen lassen. Sie hatte es mit einer gehörigen Überdosis Antidepressiva probiert und war krampfend und mit Schaum vorm Mund von meinem Vater im Ehebett aufgefunden worden, als dieser von der Arbeit heimkehrte. Mit Blaulicht lieferte man sie ins Krankenhaus ein, wo ihr der Magen ausgepumpt wurde und sie eine Woche lang in »kritischem Zustand« und delirierend auf der Intensivstation lag. Nach der Krankenhaus-Arie folgte die Verlegung in die Psychiatrie, die eine wahrlich filmreife Kulisse bot. Auf den Gängen schlurften vor sich hin brabbelnde Patienten umher, von denen einer sich immer wieder erfolgreich in den Aufbewahrungsraum für die medizinischen Utensilien schlich, um sich dort als Arzt zu verkleiden. In Kittel und Latexhandschuhen lief er dann durch die Zimmer und versuchte, andere Insassen zu einer von ihm selbst durchgeführten Operation zu überreden. Die trostlose, sterile Umgebung trug neben solchen und ähnlichen Skurrilitäten ihr Übriges dazu bei, dass meine Mutter sich bei erstbester Gelegenheit schleunigst aus der Anstalt selbst entließ. Und auch, wenn ich mir, wie Maria richtig formulierte, die Dinge gern *von innen* beschaue, war ich nicht scharf darauf, die Psychiatrie aus einer unfreiwilligen Patientenperspektive heraus zu erleben.

Die Erfahrung hat mich also gelehrt: Sich umzubringen ist gar nicht so einfach, wie man annehmen könnte. Außerdem ist der Rattenschwanz, den ein missglückter Selbstmordversuch nach sich zieht, lang – Sinn und Zweck des Unterfangens sollte ja aber nun einmal in der *Verkürzung* meines Lebens liegen und nicht in einer Verlängerung unter zusätzlich erschwerten Bedingungen. Also entschied ich mich für die Holzhammermethode und raste stundenlang über Autobahnen und Landstraßen auf der Suche nach Bäumen oder Brückenpfeilern für eine letale Konfrontation. Hätte ich diese wider Erwarten überlebt, wäre mir wenigstens noch eine Chance geblieben, Polizei und Feuerwehr von einem Unfall zu überzeugen. Lügen konnte ich ja.

21

KURZSCHLUSS IM KOPF
UND IN DER KNEIPE

Wie Sie durch die bloße Existenz dieses Buches unschwer erkennen können, hat das mit dem Selbstmord bei mir nicht hingehauen. Ich bin eine äußerst ehrgeizige Person, aber bei meinen Touren mit dem Auto musste ich wirklich mit Erstaunen feststellen, wie groß der menschliche Selbsterhaltungstrieb ist. Ich konnte mir noch so felsenfest vornehmen, mit der Tachonadel am Anschlag gegen das anvisierte Ziel zu brettern, aber Hände und Füße weigerten sich standhaft, meine gedanklichen Befehle zu befolgen. Frustriert musste ich mir eingestehen, dass ich ebenso wenig in der Lage war, mein Leben zu *führen,* wie es zu beenden, und schimpfte mich selbst eine Versagerin für meine vermeintliche Feigheit. Ich konnte weder leben noch sterben – wenn *das* mal kein Dilemma war. Was um mich herum geschah, betrachtete ich in meiner Welt-Malaise wie durch ein Milchglas und hoffte fortwährend, dass mir doch noch eine zündende Idee für meinen Suizid kam.

Mit solcherlei Gedanken war ich also ins neue Jahr gestartet und trug mich mit diesen auch die kommenden Monate über schwanger. Ich reichte meine Abschlussarbeit an der Uni ein und konnte mir bald darauf mein Master-Zeugnis abholen. Achtlos stopfte ich die Urkunde in meine Tasche und nahm erneut höflich dankend vielerlei Glückwünsche entgegen. Einige Freunde überraschten mich mit einem geplanten, gemeinsamen Ausflug. Wir hatten bereits häufig davon gesprochen, einmal gemeinsam *Laser-Tag* spielen zu gehen. Hierbei lässt man sich in eine mit Leuchtsensoren ausgestattete Weste zwängen und mit einer Gruppe anderer Verrückter in eine abgedunkelte Halle sperren. Dort irrlichtert man dann mit einer Laserpistole bewaffnet umher und versucht, in den diversen Versteckmöglichkeiten seine Mitspieler ausfindig zu machen, um diese unverzüglich zu »erschießen«. War man hiermit erfolgreich, leuchtet das getroffene Körperteil auf, und es wird automatisch ein Pluspunkt für den Scharfschützen verbucht. Rund 70 Jahre nach Kriegsende bezahlen wir nun Geld dafür, angestaute Aggressionen loszuwerden, indem wir in die Rolle von Soldaten schlüpfen und um uns ballern. Mit anderen Worten: genau das richtige Programm für mich.

Unsere Truppe fand sich also am verabredeten Zeitpunkt zusammen, und ich geisterte in einer Kinderausführung der Weste und mit irrem Blick durch den Raum, um an jedem, der mir vor die Flinte kam, einen regelrechten Overkill zu vollziehen. Zwar wurde mein Versteck durch meinen wie gewöhnlich verräterisch laut knurrenden Magen gelegentlich verraten, aber am Ende des Spiels hatte ich tatsächlich einige meiner Freunde exekutieren können und fühlte mich auf perfide Weise erleichtert.

Wir beschlossen, noch irgendwo einen Absacker zu nehmen, und kehrten in einer nahe gelegenen Kneipe ein. Wie es sich für eine Urberliner Pinte gehört, war die Einrichtung abgewohnt und schmuddelig, die Gäste volltrunken und der Wirt genauso grauhaarig wie griesgrämig. Obwohl es bereits März war, blinkten in den Fenstern noch immer weihnachtliche Lichterketten, und die Aschenbecher auf den Tischen quollen über. Die Luft war dementsprechend zum Schneiden, was ich nur zu gern in Kauf nahm, da ich durch das nicht vorhandene Rauchverbot

immerhin probieren konnte, meinen Hunger einfach »wegzu-
rauchen«.

Meine Freunde orderten zur Feier meines Abschlusses Pizza
und Cocktails, und ich »gönnte« mir eine *große* Cola Light.
»Wirklich?«, kommentierte Maria meine Bestellung, »nicht einmal *heute* stößt du mit uns an?« – »Nun, natürlich kann man
auch mit nichtalkoholischen Getränken anstoßen, da auch diese
in einem zum Anstoßen notwendigen *Glas* serviert werden«,
gab ich altklug wie spitzzüngig zurück und fand mich dabei
selbst zum Kotzen. »Außerdem hatte ich heute heftige Kopfschmerzen und habe eine Tablette genommen, weshalb ich gar
keinen Alkohol trinken darf«, schloss ich schnell eine Lüge an
und hoffte, meinen blöden Spruch von zuvor damit etwas zu relativieren. Just in diesem Moment klingelte das Handy meiner
Freundin und ersparte mir beziehungsweise *uns* einen Fortgang
der Diskussion.

Der mürrische Lokalbetreiber kehrte mit einem Tablett zu uns
zurück, knallte es vor uns auf den Tisch, und anstatt die Drinks
an uns zu verteilen, raunzte er: »Ihr wisst ja selba, wer hier wat
bestellt hat, wa?« Mit diesen Worten schlurfte er wieder zum
Tresen hinüber, und so bedienten wir uns selbst. Als alle versorgt waren, erhoben wir die Gläser auf den Abend und tran-
ken. Kaum hatte ich den ersten Schluck genommen, rutschte mir
vor Schreck das Herz in die Hose. Meine Geschmacksknospen
waren nur allzu gut auf Süßstoffe konditioniert, um nicht sofort
die getrunkene Flüssigkeit als die falsche zu enttarnen. Der alte
Kneipier hatte offenbar nur mit einem Ohr zugehört, als wir
ihm unsere Wünsche verrieten, und nicht nach Cola Light, sondern zur »echten« Cola mit *echtem* Zucker gegriffen. Entsetzt sah
ich mich nun 400 Millilitern Zuckerwasser gegenüber, die ich
selbst unter Mordandrohungen nicht zu mir genommen hätte

oder besser gesagt erst *recht* nicht, da ich hierdurch endlich die Erfüllung meines Todeswunsches hätte herbeiführen können.

Fahrig nestelte ich ein Taschentuch aus meiner Jacke, wandte mich von den anderen ab, als wollte ich mich schnäuzen, und leckte das Tempo stattdessen ab, um den Zucker von meiner Zunge loszuwerden. Während dieses merkwürdigen Unterfangens grübelte ich fieberhaft nach einem Ausweg. Ich traute mich nicht, meine Freunde über den Fehler des Wirts aufzuklären und meine Bestellung zu reklamieren. Zu groß war die Gefahr, dass irgendjemand mehr oder weniger leichthin einwarf, ich sollte die Cola doch einfach trinken, da diese wohl kaum meiner Figur schaden würde. Und das große Glas unbemerkt an sechs Augenpaaren vorbei zwecks Umtausch zur Theke hin und wieder zurück zu schmuggeln, hätte wohl selbst David Copperfields Zauberkünste überstiegen.

Ad hoc entschied ich mich daher zunächst für ein kleinschrittiges Problemlösungsmodell: Ich setzte das Glas an und ließ mir möglichst viel von dem braunen Teufelszeug in den Mund laufen, ohne es herunterzuschlucken. Mit dicken Backen stand ich auf und schritt blitzschnell und stumm zur Toilette, in welche ich das Gesöff sogleich beförderte. Anschließend setzte ich mich auf die Schüssel und überlegte. Großzügig gerechnet hatte ich mich soeben etwa 50 Milliliter der Cola entledigt. Unmöglich konnte ich mich an diesem Abend achtmal mit meinem sonderbaren Abgang aufs WC verabschieden und so den knappen halben Liter loswerden, ohne dass jemand eine Bemerkung darüber machen würde. Planlos schlich ich nach einigen Minuten an unseren Tisch zurück, auf dem inzwischen einige Teller mit Pizza gelandet waren. Als mir großzügig davon angeboten wurde, spann ich meine Kopfschmerztabletten-Lüge aus und erzählte, die Pille sei mir auf den Magen geschlagen und ich bekäme keinen Bissen herunter. Neid- und sehnsuchtsvoll bestaunte ich die Unbefangenheit meiner Leutchen beim Essen. Lachend unterhielten sie sich und leckten sich den hell glänzenden flüssigen Käse von den Fingern. Sie waren so auf ihre Pizzen und Gespräche konzentriert, dass sie mein Spannen überhaupt nicht bemerkten.

Und da kam mir eine Idee für die Lösung meines Cola-Problems: Ich saß auf einer alten Ledercouch unter dem Fenster. Ein kurzer Blick über meine Schulter genügte, um zu erkennen, dass zwischen dem Sitzmöbel und der dahinter befindlichen Wand eine Lücke von etwa 20 Zentimetern klaffte. Ich angelte mein Glas vom Tisch und breitete in einer vorgeblich entspannten Geste beide Arme über die Sofalehne aus. So verharrte ich einen Augenblick, bis ich sicher war, dass keiner meiner Freunde mich gerade beobachtete. Dann neigte ich mein Glas aus dem Handgelenk heraus nach hinten und ließ die Cola an der Rückseite der Couch entlang auf den Boden laufen. Das befürchtete Plätschergeräusch wurde von der Musik übertönt. Hatte ich mich über deren Lautstärke beim Betreten des Lokals noch beschwert, kam mir der dröhnende Bass nun gleich in mehrfacher Hinsicht sehr gelegen. Denn dadurch blieb nicht nur meine Entsorgungsaktion von meinen Freunden unbemerkt, sondern auch der Knall, den ich einige Momente später vernahm und der irgendwie aus der Wand heraus zu kommen schien. Erschrocken zuckte ich zusammen und prompt erlosch die Lichterkette, die hinter mir im Fenster hing. Glücklicherweise entzog sich auch dieser Umstand der Aufmerksamkeit meiner Truppe, und der Wirt war in einem Hinterzimmer verschwunden. Vermutlich war die Cola irgendwo mit einer Steckdose in Kontakt gekommen, und so hatte ich mit meiner sprichwörtlichen Kurzschlussreaktion einen tatsächlichen verursacht.

Mit dem leeren Glas in den schweißnassen Händen integrierte ich mich nun wieder in die Gespräche meiner Freunde. Augenscheinlich war ich gut gelaunt, aber innerlich schüttelte ich den Kopf über mich. Seit ich mir eingestehen musste, magersüchtig zu sein, hatte sich an meiner Situation nichts geändert – außer, dass ich mir nun ziemlich ungeschönt vor Augen führte, wie verrückt mein obsessives Verhalten eigentlich war. Diese Tatsache ließ meinen ohnehin nicht zu unterschätzenden Frustrationsgrad nun in bis dato ungeahnte Höhen schießen.

Als Daniel und ich schließlich auf unseren Fahrrädern nach Hause aufbrachen, blieb ich die ganze Fahrt über vom Hunger erschöpft und von mir selbst enttäuscht stumm. Die Reserve an guter Miene, die ich zu meinem bösen Spiel machte, war aufgebraucht. Daniel bekam davon wie so oft nichts mit, radelte munter neben mir her und erzählte irgendetwas von einem neuen PlayStation-Spiel. Ohne es bewusst zu wollen, blieb ich an einer Kreuzung kurz vor unserer Wohnung abrupt stehen. Daraufhin bremste auch Daniel, und er rollte die kurze Strecke zu mir zurück. »Was ist denn los?«, erkundigte er sich verwundert.

»Ich hätte auch gern ein Stück von der Pizza gegessen«, sagte ich ohne Umschweife in nüchternem Tonfall.

Daniel stutzte und fragte: »Warum hast du das dann nicht einfach gemacht?« – »Weil das nicht geht. Weil ich das nicht kann. Aber ich hätte es wirklich gern getan, verstehst du?« Hoffnungsvoll schaute ich meinen Verlobten an. »Also ehrlich gesagt verstehe ich das *nicht*. Wenn du unbedingt Pizza möchtest, können wir beim Italiener schnell noch eine mitnehmen!« Ich schüttelte ungeduldig den Kopf. »Nein. Es geht nicht um die beschissene Pizza. Es geht darum, dass ich sie einfach nicht *essen* kann.« Daniels Gesicht wirkte im kalten Licht der Straßenlaterne aschfahl, und seine Miene verriet mir nicht, was in ihm vorging. Die Sekunden verstrichen, und keiner von uns sprach ein Wort. Schließlich setzte ich den Fuß wieder auf die Pedale und fuhr los. Schweigend brachten wir die letzten Meter nach Hause hinter uns, wo ich mich umgehend schlafen legte.

22

ICH BIN DANN MAL WEG

Mit dem Ende meines Studiums startete für mich endgültig die »Gnadenfrist« bis zum Beginn des Referendariats. Die Erkenntnis, dass ich eigentlich überhaupt nicht als Lehrerin arbeiten wollte, drängte sich mir nun zunehmend auf. Nach außen hin aber gab ich vor, mich auf meine Zukunft als Pauker zu freuen. Niemals hätte ich anderen oder mir selbst gegenüber eingestehen können, dass ich die letzten fünf Jahre hinweg im falschen Studiengang festgesessen hatte. Was hätte ich auch tun können? Alle Zelte hinter mir abbrechen und etwas vollkommen Neues in Angriff nehmen?

Sobald mir auch nur der leiseste Gedanke in diese Richtung kam, hörte ich sofort die Stimme meiner Mutter: »Was denkst du eigentlich, wer du bist?« Umgehend rief ich mich also wieder zur Räson. Ich hatte auf Lehramt studiert und würde diesen Weg folgerichtig bis zu seinem bitteren Ende weitergehen. Wer war ich denn, Anspruch auf ein erfülltes Berufsleben zu erheben? Wer konnte schon behaupten, sein Job mache ihm *Spaß*? Ich verurteilte mich für meine Unzufriedenheit und mein Jammern auf hohem Niveau. Unzählige Menschen waren in prekären Beschäftigungsverhältnissen angestellt oder fanden überhaupt keine Arbeit – und *ich* saß übel gelaunt da, ausgestattet mit Uni-Urkunde und der Aussicht auf eine sichere und gut bezahlte Beamtenlaufbahn. Also nahm ich mir fest vor, meiner privilegierten Stellung gegenüber dankbarer zu werden. Das klappte leider nur bedingt, und so wuchs der Berg an Dingen, die mir aufs Gemüt schlugen, beständig weiter an.

Und als hätte ich nun nicht wirklich all meine Energie für die Lösung all dieser Probleme gebraucht, investierte ich diese weiterhin in meine Essstörung: Nach wie vor wollte die Waage nicht weniger als 40 Kilo anzeigen. Ich tauschte mehrfach die Batterien des Gerätes aus und aß mittlerweile seltener, als manche Leute ihre Unterwäsche wechseln. Dennoch prangte mir auf der Digitalanzeige jeden Tag erneut die Vier als erste Zahl entgegen und führte mir somit regelmäßig mein »Versagen« vor Augen.

Um meinen Gemütszustand war es nun latent düster bestellt. Heute vermute ich, diese Tatsache war zu einem Großteil dem Hormonmangel geschuldet, an dem ich in dieser Lebensphase gelitten haben muss. Doch zu jener Zeit stellte ich solche Überlegungen nicht an, war ich doch viel zu sehr damit beschäftigt, meinen trüben Gedanken nachzuhängen und zu versuchen, im Alltag zumindest noch die rudimentären Überbleibsel meiner vormals guten Konzentrationsfähigkeit zu aktivieren. Ich war zunehmend vergesslich geworden und nahm kaum noch ein Buch in die Hand, da ich den dortigen Handlungssträngen kaum noch folgen konnte.

Vielleicht war es also meinen vernebelten Sinnen geschuldet, was ich bald darauf im Verlag anstellte: Eines Morgens trat ich wie üblich meine Schicht in der Buchhaltung an, um meinen drögen Tätigkeiten nachzugehen. Die Langeweile, die ich bei der eintönigen und anspruchslosen Arbeit empfand, drohte mich eher umzubringen als meine Hungerei. Dennoch hängte ich an diesem Tag wie an jedem anderen auch, im Büro angekommen, meine Jacke über den Schreibtischstuhl und fuhr den Computer hoch. Ich nahm die Schreiben aus meinem Postfach und legte sie zur Bearbeitung bereit. Dann holte ich mir aus der Küche einen Kaffee. Alles wie immer. Doch als ich mich schließlich am Schreibtisch niederließ und nach der Maus griff, war ich mit einem Mal nicht mehr in der Lage dazu, diese zu bewegen. Das Ding lag in meiner Hand wie Beton, und ich brachte es nicht fertig, die für meine Aufgaben notwendige Software anzuklicken. Ratlos ließ ich einige Momente verstreichen.

Ebenso unvermittelt wie meine plötzliche »Arbeitsunfähigkeit« überkam mich nun ein Impuls, dem ich Folge leistete, ohne daran – so zumindest mein Empfinden – aktiv beteiligt gewesen zu sein. Ich stand völlig neben mir, als ich die Finger von der Maus nahm und stattdessen den Ausschalter des PC betätigte. Der Bildschirm wurde schwarz. Dann stand ich auf und ging die Treppen in die Personalabteilung hinunter. Ich betrat das Büro und wünschte der Kollegin einen guten Morgen. »Hallo, Frau Sarand! Was kann ich für Sie tun?«, fragte Frau Thaler wie immer lächelnd. »Gar nichts«, sagte ich mit ebenso freundlichem Gesichtsausdruck wie dem ihren, »ich wollte Ihnen nur mitteilen, dass ich ab heute nicht mehr hier arbeite. Ich kündige.« Nun machte Frau Thaler natürlich große Augen und gab sofort zurück: »Nun aber mal langsam! Ist irgendetwas vorgefallen? Ich bin mir sicher, dass wir für alles eine Lösung finden können!« Ich schüttelte den Kopf und sagte mit ruhiger Stimme: »Nein, es ist nichts vorgefallen. Außer halt, dass ich kündige. Ich wünsche Ihnen alles Gute, und haben Sie vielen Dank für die gute Zusammenarbeit. Sind Sie so nett und schicken mir bei Gelegenheit ein Arbeitszeugnis zu?« Während ich sprach, war ich bereits wieder in Richtung Tür gegangen und drehte mich an dieser noch einmal zu meiner Kollegin um. Die saß mit offenem Mund hinter ihrem Tisch und glaubte sich offenbar in einem Tagtraum. Schließlich fasste sie sich wieder und sagte: »Gut, Frau Sarand. Ich wünsche Ihnen natürlich auch alles Gute. Und wenn Sie sich das Ganze zu Hause noch mal anders überlegen, melden Sie sich einfach bei mir. Ansonsten sende ich Ihnen natürlich Ihr Zeugnis zu.«

Bevor ich ins Büro zurückkehrte, um meine Sachen zu holen, verabschiedete ich mich in ähnlich knapper Form noch von einer Handvoll weiterer Kollegen, mit denen ich in den letzten Jahren eng zusammengearbeitet hatte. Ihre Reaktionen glichen nachvollziehbarerweise der von Frau Thaler, aber ihre an mich herangetragenen Einwände und Bedenken prallten an mir ab wie Regentropfen an der Fensterscheibe.

Nachdem ich meine Abschiedsrunde beendet hatte, packte ich im Büro meinen Krempel zusammen und fuhr nach Hause. Ich hatte nicht die geringste Ahnung, was mich da überkommen hatte, und feilte zügig an einer rationalen Begründung, die ich meinen Freunden auftischen konnte. Diese waren natürlich genauso erstaunt über meine Kündigung wie ich selbst, gaben sich aber rasch einsichtig, nachdem ich ihnen meine frei erfundene Erklärung darlegte: Obwohl es wirklich das *Allerletzte* war, wonach es mich sehnte, behauptete ich, ich wollte mir vor Beginn meines Referendariats zum »Warmwerden« einen Job an irgendeiner Schule suchen und somit schon einmal etwas Praxisluft schnuppern. Den Verlag habe ich bis zum heutigen Tage kein einziges Mal mehr betreten und durch meinen überhasteten Aufbruch noch nicht einmal mein Zugangskärtchen zurückgegeben. Sorry, liebe Kollegen – den Chip schick ich euch noch zu …

23

EIN HITZKOPF VOR DER KÜHLTRUHE

Mit Daniel war es zu keinem weiteren noch so vorsichtigen Gespräch über meine Magersucht gekommen. Dass meine Laune im Keller war, entging ihm jedoch nicht. Um mich aufzuheitern, schlug er eines Abends einen gemeinsamen Ausflug in eine kürzlich eröffnete Trampolin-Halle vor. Sofort war ich Feuer und Flamme für das Unterfangen – hatte ich doch gerade erst einen Artikel über diese neue Trend-Sportart gelesen. Dort stand, Trampolinspringen würde unfassbare 800 Kalorien pro Stunde verbrennen und so das Joggen um satte 300 Kalorien schlagen. Ruck, zuck saßen wir also im Auto und bretterten meinem Traum vom Energiedefizit entgegen.

Nachdem ich mich in der Umkleide in meine Sportklamotten geworfen hatte, war ich eigentlich schon fix und fertig. Es war 19 Uhr, ich war seit 22 Stunden nüchtern, und natürlich lag bereits mein selbst verordnetes Sportprogramm hinter mir. Meine Großmutter war mit dem Credo »Nimm dich zusammen – du bist eine Preußin!« aufgewachsen, und auch wenn ich mich in keiner Weise als Preußin betrachte, spornte der Satz, der mir in diesem Moment einfiel, mich dazu an, aus der Kabine heraus und hinüber zu den Gummimatten zu schlurfen.

Wie ein Flummi auf Ecstasy sprang ich sofort auf den unzähligen Trampolinen herum. Nachdem ich die unterschiedlichen Areale der Halle durchgehüpft war, hatte ich schnell die kräftezehrendste Disziplin ausgemacht: Man konnte einen Sprung in ein Becken mit Schaumstoffklötzen absolvieren. Diese waren derart weich, dass man förmlich in ihnen versank wie in Treibsand. Bei dem angestrengten Versuch, aus dem Becken herauszuklettern, floss mir der Schweiß in Strömen über Gesicht und Rücken. Ich war völlig k.o., aber trotzdem schrie alles in mir nach umgehender Wiederholung dieser skurrilen Übung. Als wäre ich ein Lemming mit besonders hohen Selbstmordabsichten, sprang ich wieder und wieder über die »Klippe« hinab in die Schaumstoffwanne. Der Spaß, den ich daran hatte, hielt sich freilich in Grenzen – ich konnte weder Sprung noch Flug genießen, sondern es im Gegenteil kaum erwarten, mich nach erfolgter Landung sofort erneut keuchend aus dem Becken herauszumanövrieren.

Daniel, der mein Treiben eine Zeit lang mit hochgezogenen Augenbrauen vom Rand aus verfolgt hatte, fragte mich schließlich, ob ich mich in einem Wettkampf messen wollte. Er zeigte in eine andere Ecke der Halle, wo ein Balken über eine weitere Wanne mit Schaumstoffklötzen verlief. Auf diesem Balken konnten zwei Personen mit großen Rollen aus Weichgummi aufeinander eindreschen. Ziel war dabei, den jeweils anderen durch die Schläge aus dem Gleichgewicht zu bringen, sodass dieser ins Becken plumpste. Ich ließ mich nicht zweimal bitten. Wenige Momente später fand ich mich auf dem Balken wieder, wo ich überrascht feststellen musste, dass ich auf Daniel einschlug, als wäre er nicht mein Verlobter, sondern ein entflohener Serienkiller, der mir plötzlich gegenüberstand und nach dem Leben trachtete. Mehr als einmal kippte Daniel durch meine gnadenlosen Prügelattacken um wie ein nasser Sack, und als sich nun noch einige Schaulustige um das Spielfeld versammelten und sich von meinem Amoklauf erheitern ließen, verlor Daniel die Lust an unserem Wettstreit.

Wir beschlossen, an einer anderen Station noch einige Minuten an unseren Sprungkünsten zu feilen, bevor wir den Heimweg antreten wollten. Ich war inzwischen dermaßen ausgelaugt, dass sich kleine Lichtblitze vor meinen Augen bildeten, und ich hüpfte müde vor mich hin. Schlagartig wurde ich wieder wach, als ich plötzlich bemerkte, wie mir in der Hose etwas Warmes die Beine herablief. Instinktiv griff ich mir an die Schenkel. Der Stoff war feucht. Ich hielt inne und brauchte ein paar Sekunden, um zu begreifen, was soeben passiert war: Ich hatte die Kontrolle über meine Blase verloren und mich eingenässt. Mein Körper stellte nun also neben dem normalen Haarwuchs und der Versorgung meiner Haut mit Feuchtigkeit noch eine weitere Funktion ein. Entsetzt versuchte ich, das Zittern zu verbergen, das sich nach dieser Erkenntnis in mir ausgebreitet hatte, und informierte Daniel knapp darüber, dass ich mich umziehen wollte. Ohne auf ihn zu warten, eilte ich in die Kabine, um mich schnellstmöglich und wütend aus der nassen Hose zu schälen. Glücklicherweise war diese schwarz, und so war mein Malheur unbemerkt geblieben. Notdürftig säuberte ich mir die Beine mit einigen Papierhandtüchern, bevor ich wieder in meine Straßenkleidung stieg.

Auf der Rückfahrt hockte ich schweigend auf dem Beifahrersitz und rauchte Kette. Als wir vor dem Haus parkten, schlug Daniel vor, aus der Tiefkühlabteilung im Supermarkt noch rasch etwas zum Abendessen zu holen. Ich war zu erschöpft und stand noch immer zu sehr unter Schock, um Gegenwehr zu leisten, zumal mir der Magen mittlerweile vor Hunger schmerzte. Wir betraten die Filiale, wo Daniel nach einem flüchtigen Blick über das Warenangebot einer der Kühltruhen nach einer XXL-Pizza griff. Ich hingegen lief mit dem Hinweis, noch eine Sekunde Zeit zu brauchen, aufgeregt zwischen den Truhen umher. Ich schob sie auf, prüfte die Nähwerttabellen unterschiedlichster Produkte und schob sie unverzüglich wieder zu. Nichts, was ich in die

Hand nahm, entsprach meinen alles andere als *guten* Güte-kriterien. Je länger sich meine Suche hinzog, desto verzweifelter wurde ich. Mantraartig versuchte ich mir vorzubeten, dass ich nach diesem anstrengenden Tag wirklich etwas essen dürfte, was einen höheren Fettgehalt als Weißkohl hatte. Anorexia aber war anderer Meinung, und so lief ich in dem schmalen Gang des Ladens auf und ab wie Rilkes Panther.

Mein Verlobter tippelte inzwischen unruhig auf der Stelle und drängte mich zu einer Entscheidung. Ich zwang mich zu einem Lächeln und hob den Zeigefinger, um ihm zu signalisieren, dass ich noch einen kleinen Moment für meine Auswahl bräuchte. Kurz entschlossen angelte ich mir eine vegetarische Pizza. Als ich diese schon beinahe gänzlich aus der Kühltruhe befreit hatte, schien sich ihr Gewicht in meinen Händen plötzlich zu verviel-fachen, und ich ließ sie wieder fallen. Kurz stand ich ohnmächtig über die Pizzen gebeugt da und ließ mir die kalte Luft ins Gesicht wehen. Dann sagte ich mit zittriger und immer lauter werdender Stimme: »Es gibt hier nichts. Es gibt hier einfach nichts! Ich kann hier nichts kaufen, weil es einfach nichts *gibt*!« Mit einem freud-losen Lachen zeigte ich unter den verwunderten Blicken anderer Einkaufender in ausladender Geste über die Kühltruhen hinweg und konstatierte hysterisch: »*Alles* da und trotzdem *nichts* dabei! Das ist doch verrückt, oder?!«

Daniel war zunächst vollkommen perplex, besann sich dann aber und eilte an meine Seite. »Hey, was ist denn los?«, fragte er besorgt in gedämpftem Tonfall, während er mir sanft über den Rücken strich. Er nickte den Umstehenden freundlich zu, woraufhin diese weiter ihre Einkaufslisten abarbeiteten. Ich war zu keiner Antwort imstande und sagte stattdessen um Fassung bemüht: »Heute ist wohl einfach nicht mein Tag. Ich gehe jetzt schon mal nach Hause vor. Wir sehen uns dann gleich dort, okay?« Mein Verlobter atmete geräuschvoll aus. »Gut. Ich bezahle nur noch schnell und bin dann gleich wieder bei dir.« Ich nickte knapp und rannte aus dem Laden bis vor die Wohnungstür. Im Schlafzimmer riss ich mir die Kleider vom Leib und stellte mich unter die Dusche, wo ich mir in den Unterarm beißen musste, um nicht laut loszuschreien. Eine gefühlte Ewigkeit ließ ich das heiße Wasser über meinen ausgemergelten Körper laufen und starrte an die Wand. Als ich endlich wieder das Badezimmer verließ, durchströmte die Wohnung bereits der Geruch von zerlaufenem Käse. Ich zog mir etwas über und ging hinüber zum Wohnzimmer, wo Daniel gerade damit beschäftigt war, die Pizza zu zerteilen. »Möchtest du auch ein Stück haben?«, fragte er leichthin und leckte das Messer ab.

Wie angewurzelt blieb ich einige Meter von ihm entfernt im Türrahmen stehen. Ich schwöre: Wäre in dieser Sekunde eine Pistole in greifbarer Nähe gewesen, ich hätte den Kerl ohne Umschweife hingerichtet. Ich schäme mich dafür, denn letztendlich traf ihn natürlich keinerlei Schuld an meiner Krankheit. Aber erschossen hätte ich ihn trotzdem gerne. In mir hatte sich eine unbändige Wut aufgestaut. Wut auf meine Unfähigkeit, erfolgreich gegen den Magerwahn anzukämpfen, und zugleich Wut darüber, mich offensichtlich nicht noch weiter herunterhungern zu können. Ich war wütend, weil ich mir mein Leben von einer »Psycho-Macke« aus der Hand hatte nehmen lassen – ein Leben, das ich mir ohnehin anders vorstellte und freudlos *ablebte*, während ich darauf wartete, dass ich es doch noch schaffte, ihm ein Ende zu bereiten. Und ja, ich war auch wütend auf Daniel, dessen Verhalten inzwischen nahezu dem Tatbestand der unterlassenen Hilfeleistung gleichkam und der den Kopf so tief in den Sand steckte, dass er mit der Nasenspitze bereits das Grundwasser berühren musste.

»Nein, danke«, beantwortete ich nun endlich seine Frage, ging zum Kühlschrank, aß einen halben Kohlrabi und ging ins Bett, ohne dass eine weitere Unterhaltung zwischen meinem Verlobten und mir stattgefunden hatte. Und wie ich dort so lag und vergebens versuchte, mein inneres Chaos zu ordnen, kam mir ausnahmsweise mal ein cleverer Gedanke: Ich hatte dringend betreutes Denken nötig. Allein konnte ich mir nicht helfen. Ich musste einen Therapeuten aufsuchen.

24

OFFENE KARTEN UND VERSCHLOSSENE GESICHTER

Auch wenn man dadurch, dass ich dieses Buch geschrieben habe, zu einer anderen Annahme gelangen könnte, kann ich Ihnen versichern, dass ich wirklich nicht zu den Menschen zähle, die gut über ihre eigenen Probleme sprechen können. Die Vorstellung, nun mein Innerstes vor einem vollkommen fremden Psychologen nach außen zu kehren, bereitete mir größere Magenschmerzen als der Hunger. Also beschloss ich, einen Probelauf zu absolvieren, und machte zunächst vor meinen Freunden Tabula rasa. Mein erstes Versuchsobjekt war Daniel.

Einige Tage nach meinem Entschluss zu einer Therapie saß ich daheim mit ihm beisammen und tastete mich vorsichtig an das Thema heran. »Daniel, ich muss mit dir über etwas Wichtiges reden. Wie dir sicher aufgefallen ist, strotze ich seit einiger Zeit nicht gerade vor Energie. Ich weiß, dass ich viel zu dünn bin, und ich weiß auch, warum das so ist.« Daniel war starr wie ein Reh im Lichtkegel, und so entschied ich, die Karten ohne weitere Umschweife auf den Tisch zu legen, und sagte so sachlich wie möglich:

»Ich bin magersüchtig.«

Nun wandte mein Verlobter den Blick von mir ab und zog scharf Luft ein, um sie sogleich mit dicken Backen wieder auszublasen. Einen Moment lang schaute er gedankenverloren aus dem Fenster, bevor er mir mit einer Mischung aus ungläubigem Staunen und tiefer Verzweiflung erneut in die Augen sah. »Lala«, sagte er schließlich heiser, »so etwas habe ich mir natürlich schon gedacht.«

Ich wartete darauf, dass er fortfuhr, aber offensichtlich hatte es ihm die Sprache verschlagen, also fragte ich: »Warum hast du das dann nie explizit angesprochen oder …« – »Das habe ich ja versucht«, fiel Daniel mir beteuernd ins Wort, »wirklich! Aber sobald ich irgendeinen Kommentar zu deiner Figur oder den Dingen, die du isst, abgegeben habe, hast du sofort total empfindlich reagiert. Und für alles hast du eine Ausrede parat. Was hätte ich da denn tun können?!« Er war laut geworden, was nur ausgesprochen selten vorkam. Offenbar fühlte er sich in die Ecke gedrängt. »Ich will dir doch gar keinen Vorwurf machen«, versuchte ich ihn zu beschwichtigen, »aber es ist doch normal, dass ich nachfrage, wenn du sagst, du hättest schon länger vermutet, was dahintersteckt.« Hilflos schüttelte er den Kopf und verfiel in sein wohlbekanntes Schweigen.

Ich bemühte mich, das Gespräch in konstruktivere Bahnen zu lenken. »Ich werde mir einen Psychotherapeuten suchen. Meine eigenen Versuche, irgendwie aus dieser Scheiße herauszukommen, bringen mich einfach nicht weiter.« – »Das ist eine gute Idee«, befand Daniel erleichtert. »Hast du schon zu jemandem Kontakt aufgenommen?« – »Noch nicht«, sagte ich, »ich glaube, ich muss erst mal vor den Leuten, die mir nahestehen, die Hosen runterlassen, bevor ich das vor einer Person tue, die ich gar nicht kenne.« Daniel rückte an mich heran und schloss die Arme um mich. »Bitte sag mir Bescheid, wenn ich dir irgendwie helfen kann.« – »Natürlich«, versprach ich an seine Schulter gelehnt und ahnte doch in der gleichen Sekunde, dass ich niemals auf sein Angebot zurückkommen konnte. Wenn Sie aktiv magersüchtig sind, können Sie Hilfe von Ihrem Umfeld einfach kaum zulassen. Dieser Umstand wurde mir nun schmerzhaft gewahr, und ich wusste, dass ich mich letztendlich allein und an den eigenen Haaren aus der Misere herausziehen musste.

Um es kurz zu machen: Die Beichten, die ich bei anderen Freunden ablegte, verliefen in ähnlicher Weise. Wie damals nach dem Tod meiner Eltern schaute ich allerorts in betretene und hilflose Gesichter. Klar – wie hätten die Reaktionen auch anders ausfallen können? Krankheiten sind stets ein schwieriges Thema, und es tat mir leid, dass viele sich nun beschämt darüber zeigten, mich nicht früher mit meinem offensichtlichen Problem konfrontiert zu haben. Ich habe wohl eindeutig Schwierigkeiten damit, mich in meiner Außenwirkung wahrzunehmen, denn mehr als nur einmal musste ich mir anhören, dass sich meine Freunde schlichtweg nicht *getraut* hatten, das Thema aufs Tapet zu bringen. »Wenn dir etwas nicht recht ist, kannst du ziemlich heftig reagieren und ganz schön scharf zurückschießen«, ließ Maria mich in diesem Zusammenhang wissen. Das stimmte leider. Lange hatte ich nach dem Motto »Angriff ist die beste Verteidigung« verfahren und so dafür gesorgt, dass mein Umfeld unter allen Umständen vermeiden wollte, mich in die Defensive zu drängen und dafür anschließend verbale Prügel zu kassieren. Mein Kumpel Chris erklärte mir noch aus einer anderen Perspektive heraus, warum er – und vielleicht auch manch anderer – mich nie auf meinen Gewichtsverlust angesprochen hatte: »Natürlich habe ich mir Gedanken über dich gemacht. Du bist ja nur noch Haut und Knochen. Aber ich konnte mir einfach nicht *vorstellen*, dass *du* ein ernsthaftes Problem hast. Du hast die Sache mit deinen Eltern so gut weggesteckt und bist nebenbei sogar noch weiter zur Uni und zur Arbeit gegangen. Ich dachte einfach, dich haut *nichts* um.«

Tja, so ungern ich externe Erwartungshaltungen auch enttäusche, musste ich nun zugeben, *dass* mich etwas umgehauen hatte. Und der nächste Tiefschlag ließ nicht lange auf sich warten: Ich verrate kein Geheimnis, wenn ich sage, dass das Finden eines guten Therapeuten ungefähr genauso wahrscheinlich ist wie ein Sechser im Lotto. Falls Sie vorhaben, ebenfalls Ausschau nach einem Psychologen zu halten, packen Sie Herpescreme ein – es könnte nämlich sein, dass Sie so einige Frösche küssen müssen …

25

PSYCHISCH GESTÖRTE PSYCHIATER

Wenn man überhaupt erst einmal so weit *kommt*, Frösche küssen zu *können*! Ich kam mir bald vor wie eine erfolglose Callcenter-Agentin – unzählige Therapeuten telefonierte ich ab, wurde jedoch nur selten zurückgerufen und erhielt im Zuge dessen immer die gleiche Info: keine freien Termine innerhalb der nächsten sechs Monate. Schließlich wendete ich mich Hilfe suchend an Annette und staunte darüber, was ein Doktortitel im Namen nicht alles bewirken kann. Sie kannte keinen Psychiater oder Psychologen persönlich, aber einen Gefallen tut man sich unter Kollegen offenbar trotzdem gern. Bereits nach wenigen Anrufen hatte sie mir für die kommende Woche eine Sitzung bei einer Psychiaterin in meiner Nähe organisiert.

Ziemlich aufgeregt betrat ich wie immer überpünktlich die Praxis von Frau Dr. Ziege und machte beim Blick ins Wartezimmer große Augen: Dort tummelten sich mehr Patienten als an Silvester in der Notaufnahme. Alle Sitzplätze waren belegt, und so lehnte ich mich stehend an eine Wand neben dem Fenster. Ich fragte mich, wie die Ärztin es schaffte, sich bei einem derartigen Andrang ausreichend Zeit für die einzelnen Leute hier im Raum zu nehmen. Schnell befreite ich mich wieder von diesem Gedanken – man konnte die hohe Patientenzahl ja einfach auch als Qualitätsmerkmal begreifen. Wenn *so* viele Menschen Dr. Ziege aufsuchen und die lange Wartezeit in Kauf nehmen, musste die Psychiaterin ihr Handwerk wahrlich verstehen, oder?

Von meiner Position aus hatte ich einen guten Überblick und wanderte mit den Augen von einem Patienten zum anderen. Vom jung-dynamischen Anzugträger mit Aktenkoffer bis hin zur Dauerwellen-Omi schienen quasi sämtliche Sozial- und Altersklassen der Gesellschaft vertreten zu sein. Auffälliges Verhalten legte niemand an den Tag, und ich schämte mich sogleich dafür, dass mich diese Tatsache überraschte. Ich selbst stand ja schließlich auch nicht völlig derangiert da, raufte mir die Haare und rief verzweifelt in ständiger Wiederholung: »Ich kann keine *Schokolade* essen! Ich kann *einfach* keine Schokolade essen!« Einzig ein Mann in den mittleren Jahren fiel etwas aus der Reihe, weil er im Minutentakt ein Hygienegel aus der Tasche zog und dieses großzügig über seine knallroten, schuppigen Hände und Unterarme verteilte. Bald war das Fläschchen leer, und er beförderte es in den Papierkorb, um sogleich ein volles aus seiner Jacke zu zücken und das böse Spiel von Neuem zu beginnen.

Nachdem ich mir eineinhalb Stunden lang die Beine in den Bauch gestanden hatte, wurde ich endlich von der Sprechstundenhilfe in den Behandlungsraum geschickt. Das Zimmer war so riesig, dass ein Agoraphobiker vermutlich unverrichteter Dinge sofort wieder abgehauen wäre. Stuckverzierte Decken und geschmackvolles Interieur im englischen Bibliotheksstil schmückten den Raum. Ich schloss die Tür hinter mir und ging zu dem ungeheuer großen Schreibtisch hinüber, hinter dem Frau Dr. Ziege auf einem ebenso überdimensionalen Chefsessel thronte. Die stilvoll gekleidete Mittfünfzigerin reichte mir ohne aufzustehen die Hand über die Tischplatte hinweg und fragte anstelle einer Begrüßung: »Sarand?« – »Sarand«, bestätigte ich und setzte mich ihr gegenüber. Zwar war ich etwas konsterniert über die lapidare »Begrüßung«, aber ich war ja immerhin auch nicht zum Kaffeekränzchen hier und gab mir Mühe, positiv gestimmt zu bleiben. Sie nickte und notierte prompt einen scheinbar längeren Text auf ihrem für mich nicht einsehbaren Block. Meine

Verwirrung darüber ist bis heute nicht geringer geworden. Liebe Psychologen und Psychiater: Was schreibt ihr da nur immer? Ich habe doch soeben nur meinen *Namen* gesagt – wie könnt ihr da sofort einen halben Roman aufs Papier zaubern? Ich wünschte, *mir* ginge das Schreiben so leicht von der Hand!

Als Dr. Ziege mit ihren Notizen fertig war, zog sie sich in fachmännischer Geste ihre Brille von der Nase und musterte mich. »Was für ein Problem haben Sie denn?«, fragte sie kühl. »Ich habe gehofft, das können *Sie* mir sagen«, versuchte ich, die Stimmung ein wenig aufzulockern, und wischte mir umgehend mein Grinsen wieder aus dem Gesicht, als sie, ohne eine Regung zu zeigen, ihre Frage wortwörtlich wiederholte. Ich sammelte mich kurz und versuchte, den Sachverhalt so knapp und präzise zusammenzufassen – ich hatte den Eindruck, diese Verfahrensweise würde wohl eher Dr. Zieges Geschmack entsprechen. »Ich habe Anorexie. Das habe ich zwar erst vor wenigen Monaten begriffen, aber ich schleppe die Krankheit vermutlich schon seit etwa eineinhalb Jahren mit mir herum.« Dr. Ziege schrieb wieder etwas auf. »Gewicht? Körpergröße?«, forderte sie nun mit auf den Notizblock gehefetem Blick im Oberbefehlston weitere Informationen ein. Die syntaktische Vollständigkeit ihrer Aussagen besaß für sie offensichtlich keinen großen Stellenwert. So langsam wurde mir klar, wie sie in kurzer Zeit so viele Patienten abarbeiten konnte. »40 Kilo, 165 Zentimeter«, spiegelte ich nun ihre Ausdrucksweise wider. Erneut kritzelte sie einen Moment, bevor sie mir in die Augen sah und fragte: »Tabletten oder gleich in die Klinik?«

Ich glaubte ernsthaft, mich verhört zu haben, und fragte zurück: »Wie bitte?«

»Tabletten oder gleich in die Klinik?«, wiederholte Dr. Ziege (oder besser: *die* Ziege, wie ich sie bereits insgeheim nannte). Mir klappte die Kinnlade herunter, und ich musste mich einen Moment sammeln, bevor ich zu einer Antwort fähig war. »Weder noch, ehrlich gesagt! Ich … Also, Sie *wissen* doch noch gar nichts über mich und …« – »Was wollen Sie dann hier?«, fuhr sie mir gereizt in die Parade. »Ich will Hilfe«, sagte ich. »Bekommen Sie durch Tabletten und/oder Klinik«, wollte die Ziege mir nun erklären.

Mich beschlich der Gedanke, dass es sich bei der Frau in Wahrheit um einen Roboter handeln musste, dessen Sprachprogramm noch einiger Optimierungsprozesse bedurfte. Ich versuchte, mich wieder auf dieses eigenartige Gespräch zu konzentrieren. »Ich glaube nicht, dass Tabletten meine Probleme lösen kö …« – »Nein, tun sie auch nicht. Aber Ihre Probleme sind Ihnen dann *egal*«, unterbrach sie mich erneut und setzte ein verschwörerisches Lächeln auf, das mir das Blut in den Adern gefrieren ließ. Mir fiel beim besten Willen nicht ein, was ich dazu sagen sollte, und so sprach sie nach einer kurzen Pause weiter: »Dann eben Klinik. Googeln Sie einfach, es gibt ja ausreichend Einrichtungen für Essgestörte wie Sie. Aber dort kriegen Sie höchstwahrscheinlich auch Tabletten.«

Langsam fand ich meine Sprache wieder. »Ich habe doch eben gesagt, dass ich momentan weder Pillen schlucken noch in eine Klinik gehen möchte«, rief ich ihr ins Gedächtnis. »Was haben Sie sich denn ansonsten vorgestellt?«, fragte die Ziege nun scheinbar ehrlich neugierig. »Ich weiß ja nicht, wie die normale Vorgehensweise so aussieht, aber ich hatte an irgendeine Gesprächstherapie gedacht oder …« – »Aber nicht mit *mir*!«, rief sie geradezu entsetzt und schüttelte energisch und mit hochgezogenen Brauen den Kopf. Ich versuchte, mich kompromissbereit zu zeigen. »Okay, was haben Sie denn außer Tabletten und Klinik in Ihrem Leistungsportfolio?«, erkundigte ich mich. Die

Ziege erhob sich von ihrem Stuhl und schaute mich auffordernd an, sodass ich ebenfalls aufstand. Sie fasste mich am Oberarm und zog mich in Richtung Tür zum Wartezimmer. Während sie die Klinke herunterdrückte, schob sie mich hinaus und geleitete mich vor den Augen der noch immer zahlreichen Wartenden zum Empfangstresen, an dem ihre Sprechstundenhilfe saß.

»Die junge Dame erkundigt sich nach Kliniken für Essgestörte und vereinbart jetzt einen neuen Termin für die kommende Woche«, sagte sie über meinen Kopf hinweg und für jedermann gut hörbar zu ihrer Angestellten. Dann drehte sie sich um und entschwand ohne ein weiteres Wort wieder in ihren Behandlungsraum, der diesen Namen meiner Ansicht nach echt nicht verdient hat.

Die Arzthelferin wunderte das Verhalten ihrer Chefin anscheinend überhaupt nicht. Sie blätterte in ihrem Tischkalender und fragte: »Wann können Sie denn?« Ich dachte kurz nach und beschloss dann, es der Ziege gleichzutun und mich wie diese kurz zu fassen. »Gar nicht«, gab ich zur Antwort, kehrte dem Tresen den Rücken und stolzierte ohne ein weiteres Wort aus der Praxis. Vor lauter Schreck kaufte ich mir bei einem im Nachbarhaus ansässigen Imbiss erst einmal Nervennahrung in Form einer Pizza, die ich tatsächlich postwendend und in Gänze verschlang.

26

GUTER RAT IST TEUER, ABER AUF DEM FLOHMARKT BILLIG ZU HABEN

Dass ich meine Freunde über meine Erkrankung aufgeklärt hatte, erwies sich bald als zweischneidiges Schwert. Natürlich war ich erleichtert, ihnen endlich nicht mehr ständig die Hucke voll lügen zu müssen. Zwar ging nicht an mir vorbei, dass ich nun häufig mit besorgten Blicken von der Seite angeschielt wurde, aber niemand suchte in der ersten Zeit nach meinem »Geständnis« noch einmal ein Gespräch mit mir über dieses Thema. Wurde ich künftig auf Feiern eingeladen, konnte ich ab sofort weitestgehend unbefangen den angebotenen Kuchen ablehnen und ein Glas (extra für mich bereitgestellter) Cola Light nach dem anderen in mich hineinkippen, während die anderen Gäste Geburtstagstorte und Sekt konsumierten.

Und genau hier sitzt des Pudels Kern: Fortan konnte ich meine Magersucht völlig frei ausleben. Das mag in Ihren Ohren merkwürdig klingen, da ich ja bereits auf der Suche nach Hilfe war, um endlich den Weg zur Genesung anzutreten. Aber dennoch gab es anscheinend nach wie vor irgendeinen *Gewinn*, den ich aus der Anorexie ziehen konnte – auch wenn ich selbst diesen bis heute nicht zu benennen vermag. Daher änderte ich mein gestörtes Essverhalten nicht, sondern wurde im Gegenteil fortan von meinen Leuten in diesem noch zusätzlich *unterstützt*, indem sie Light-Produkte für mich kauften und bei gemeinsamen Restaurantbesuchen diskret zu Seite schauten, wenn ich mir meinen Salat ohne Dressing einverleibte. Liebe Freunde: Kein Vorwurf an euch! Ich hätte es an eurer Stelle wahrscheinlich selbst nicht anders gemacht. Ihr konntet es einfach nicht besser wissen, aber dank euch durfte ich es mir in meiner Komfortzone jetzt erst so *richtig* gemütlich machen und ließ die Suche nach einem Therapeuten rasch schleifen. Zumindest, bis mir der Zufall zu Hilfe kam.

Alljährlich findet unweit meiner Wohnung ein Kiez-Flohmarkt statt, bei dem die Anwohner einiger Straßenzüge allerlei Kunst und Krempel feilbieten. Die gepflegte und irgendwie urig wirkende Gegend gefiel mir schon immer gut und hat bei dieser Veranstaltung in meinen Augen zusätzlich ein besonders schönes Flair. So war der Trödelmarkt für mich quasi ein Pflichttermin, und ich schlenderte mit Daniel sowie einigen Freunden durch die Alleen und genoss die erste Frühlingssonne. Schließlich kamen wir an dem Stand einer jungen Frau in meinem Alter vorbei. Ich hatte sie bereits im Vorjahr schon einmal gesehen und einen netten Plausch über ihren selbst hergestellten Schmuck mit ihr gehalten. Auch sie erkannte mich sofort wieder. Wir begrüßten uns freundlich und begannen ein Gespräch, während meine Begleiter schon langsam weiterzogen.

Ich warf meinen Smalltalk-Modus an und lobte das schöne Wetter. Meine Gesprächspartnerin aber hielt offenbar wenig von harmlosem Geplänkel: »Ja ja, angenehm warm heute. Aber mal ganz ehrlich: Wie siehst du denn *aus*? Du bist ja nur noch Haut und Knochen. Hast du Hilfe?«, überrumpelte sie mich. Reflexhaft knipste ich ein strahlendes Lächeln an und startete meine Show: »Mir geht es prima! Ich hatte in der letzten Zeit einfach nur etwas Stress, und der ist mir anscheinend ein bisschen auf den Magen geschlagen.« Sie setzte ein süffisantes Grinsen auf, verschränkte die Arme vor der Brust und senkte die Stimme. »Ne, meine Gute. Ich lasse mir kein X für ein U vormachen.

Vor gar nicht allzu langer Zeit sah ich nämlich mal genauso aus wie du. Aber heute wiege ich fast 20 Kilo mehr als damals und fühle mich rundum wohl. Alleine hätte ich das nicht geschafft. Gott sei Dank bin ich an den richtigen Therapeuten geraten, und ich kann mir vorstellen, dass dieser auch für dich die richtige Adresse wäre. Ich bin übrigens Kira«, schloss sie ihre Ausführungen und reichte mir über ihren Verkaufstisch hinweg die Hand.

Ich schüttelte sie und war einen Moment lang wie vor den Kopf gestoßen. Dann entschied ich mich, meine Spielchen bleiben zu lassen, und antwortete verlegen: »Ich heiße Larissa. Und ehrlich gesagt habe ich schon einen Versuch in Richtung einer Therapie unternommen, aber der ist irgendwie nicht ganz so gut gelaufen ...« Kira nickte wissend und sagte: »Bei mir hat es auch ein paar Anläufe gebraucht, bis ich den passenden Psychologen gefunden habe. Die Suche hat sich aber gelohnt. Der Mann hat mein *Leben* verändert. Und jetzt gibst du mir deine Handynummer, und ich schicke dir sofort seinen Kontakt.«

Sie zückte ihr Smartphone und schaute mich erwartungsvoll an. Mechanisch nannte ich ihr meine Nummer und sah zu, wie sie diese in ihr Telefon eintippte. Sekunden später vernahm ich aus meiner Tasche das Geräusch einer neuen Nachricht. Kira hatte es ebenfalls gehört und lächelte. »Da hast du die Durchwahl. Heute ist zwar Samstag, und du erreichst Dr. Fedland natürlich nicht persönlich, aber er ruft bestimmt zurück, wenn er deine Ansage auf dem Anrufbeantworter hört.« – »Ach, kein Problem. Ich kann ja einfach noch ein paar Tage warten und dann ...«, begann ich, aber Kira ging prompt dazwischen: »Du wartest jetzt auf *gar nichts* mehr, okay? Sprich ihm jetzt gleich auf den AB, dann kannst du dir bis Montag keinen Grund dafür zurechtfantasieren, warum du dort besser nicht anrufen solltest …«, sagte sie mit verschwörerischem Unterton. Anscheinend wusste sie echt, wovon sie sprach.

Aus dem Augenwinkel heraus sah ich Daniel langsam auf mich zusteuern. Ich blickte Kira fest an und sagte: »Du hast recht. Ich werde das auf jeden Fall heute noch erledigen. Vielen Dank, wirklich.« Kira war meinem Blick zu Daniel hinüber gefolgt, erfasste die Situation richtig und beendete unsere Unterhaltung. »Gern geschehen. Dann wünsche ich euch noch ein schönes Wochenende.« Sie ging um den Tapeziertisch herum und umarmte mich, bevor ich Daniel die letzten Meter entgegenlief.

»Na, ihr scheint euch ja prächtig verstanden zu haben! Hast du an ihrem Stand etwas gefunden?«, fragte Daniel, der die innigliche Verabschiedung gesehen hatte. »Ja, *vielleicht* bin ich bei ihr tatsächlich fündig geworden«, antwortete ich gestandenerweise ziemlich verklausuliert und setzte hinzu: »Ich muss kurz das Toilettenhäuschen dort drüben aufsuchen und treffe euch dann gleich an der nächsten Ecke, okay?« Daniel nickte und ging wieder zu unserer kleinen Gruppe zurück, während ich von den anderen unbeobachtet in der nächstgelegenen Einfahrt verschwand und bei Dr. Fedland anrief. Der Anrufbeantworter sprang an, und ich stotterte irgendetwas von Anorexie und dass das Leben keinen Spaß mehr macht aufs Band. Dann schloss ich mich wieder meinen Freunden an und kaufte einen Kerzenständer.

Flohmärkte sind cool. Man weiß nie, was einen dort erwartet. Und wie Sie sehen, ist das »Warenangebot« gelegentlich größer, als anzunehmen wäre …

27

GEHIRNWÄSCHE IM ERSTEN GANG

Kira hatte mir noch am gleichen Abend eine Nachricht geschrieben, in der sie sich erkundigte, ob ich mein Vorhaben, den Psychologen anzurufen, in die Tat umgesetzt hatte. Nicht ohne Stolz bejahte ich ihre Frage und saß in den nächsten Tagen wie auf heißen Kohlen. Am darauffolgenden Dienstag erreichte mich beim Mittagessen dann tatsächlich ein Anruf von Dr. Fedland, der ohne Umschweife zur Sache kam: »Hallo Frau Sarand, ich habe Ihre Nachricht abgehört. Was Sie da erzählen, ist ja wirklich ziemlich düster – da klingt doch Freitag der Dreizehnte nach einem passenden Termin für uns beide, oder?«

Vor Lachen verschluckte ich mich beinahe an meinem Rosenkohl »ohne alles«. Wie Sie mittlerweile bemerkt haben dürften, bin ich ein großer Freund schwarzen Humors, und mein aufgeregtes Herzklopfen, das einsetzte, sobald ich die Nummer des Psychologen im Display sah, ließ augenblicklich nach. »Ja, das hört sich in der Tat gut an!«, gab ich also deutlich entspannter zurück, und wir vereinbarten wirklich unseren ersten Termin für das besagte Datum.

Mir klopfte vor Aufregung das Herz bis zum Hals, als ich das erste Mal Dr. Fedlands Praxis betrat und mit schweißnasser Hand seinen festen Händedruck erwiderte. Er war mir auf Anhieb sympathisch und schnell stellte sich heraus, dass mein guter erster Eindruck von ihm der richtige war: Bereits in der ersten Sitzung schaffte er es, mein Denken in neue Bahnen zu lenken, indem er mich, ohne dass ich mir dessen bewusst war, sprichwörtlich am Schopfe aus meiner Komfortzone herauszog.

Erst im Nachhinein habe ich verstanden, wie ihm das durch geschickte Gesprächsführung und gekonnt platzierte Kommentare gelungen ist.

In unserer »Einführungsstunde« ließ er sich zunächst von mir etwas über meinen Krankheitsverlauf und meine allgemeine Lebenssituation berichten. Brav ratterte ich Informationen über den Tod meiner Eltern, das jüngst abgeschlossene Studium und mein Sozialleben herunter. Er hakte nach, was mein Verhältnis zu Daniel betraf. Leider ist mein Gedächtnisprotokoll lückenhaft, was meine exakte Wortwahl auf Dr. Fedlands Fragen hin betrifft. Aber im Großen und Ganzen nannte ich ihm die Eckdaten unserer Beziehung und informierte ihn über die kürzlich erfolgte Verlobung. Dr. Fedland, der sich ebenso wie die Ziege eifrig ominöse Notizen auf einem Klemmbrett machte, schaute auf, als ich mit meinem diesbezüglichen Lagebericht fertig war, und fragte knapp: »Gehört das zu den Dingen, die *jetzt* geklärt werden müssen?« Ich stutzte kurz, weil ich mit seiner Frage nicht recht etwas anzufangen wusste, und sagte dann: »Nein, natürlich nicht. Ich bin doch sowieso wegen meiner Krankheit hier. Das eine hat ja mit dem anderen überhaupt nichts zu tun.« – »Ach so«, sagte Dr. Fedland, richtete den Blick wieder auf seine Unterlagen und zog einen mehrseitigen Fragebogen hervor, den ich zur nächsten Sitzung in der Folgewoche ausgefüllt zurückbringen sollte.

Als ich nach Ablauf der Stunde aus der Praxis wieder hinaus auf die Straße trat, atmete ich erst einmal tief durch. Ich musste feststellen, dass es ganz schön anstrengend war, vor einer fremden Person einen Seelen-Striptease hinzulegen, zumal mir das ja schon vor engen Vertrauten beziehungsweise sogar vor mir *selbst* schwer genug fiel. Dennoch ist es mir, wie ich es mir zuvor fest vorgenommen hatte, gelungen, Dr. Fedland gegenüber absolut offen und ehrlich zu sein. Anders wäre eine konstruktive Therapie wohl einfach nicht möglich, dachte ich mir.

Unwillkürlich ließ ich auf dem Heimweg, den ich selbstverständlich zwecks Energieverbrauch zu Fuß antrat, das Gespräch Revue passieren. Dabei ploppte in meinen Gedanken erneut diese ominöse Frage auf: »Gehört das zu den Dingen, die *jetzt* geklärt werden müssen?« Wie kam mein Therapeut denn bitte auf die Idee, es gäbe in Bezug auf meine Beziehung irgendetwas zu klären? Das machte ja geradezu den Eindruck, er vermutete aufgrund einer meiner Aussagen, es gäbe ein *Problem* zwischen Daniel und mir.

Ich reflektierte, was ich Dr. Fedland über unsere Partnerschaft erzählt hatte. Nun fiel mir auf, dass ich auf die entsprechenden Nachfragen hin nicht gerade ein emotionales Feuerwerk entzündet hatte. Warum habe ich dem Psychologen nicht von der innigen Liebe oder zumindest Vertrautheit und Zuneigung erzählt, die doch zu einer jeden glücklichen Beziehung dazugehört?, grübelte ich gedanklich. Dann fiel bei mir der Groschen: Dr. Fedland hatte einen Klärungsbedarf nicht anhand dessen erkannt, was ich *gesagt* hatte, sondern eben durch das, was ich *nicht* gesagt hatte. Und *warum* hatte ich meine Gefühle Daniel gegenüber nicht erwähnt?, fragte ich nun in mich hinein.

Ad hoc unterbrach ich meinen strammen Marsch nach Hause und blieb stehen. Weil es diese Gefühle gar nicht mehr *gibt*, konstatierte irgendetwas in mir nüchtern. Eine Frau mit Kinderwagen drängelte sich meckernd an mir vorbei, da ich wie ein Arbeiterdenkmal reglos mitten auf dem schmalen Bürgersteig verharrte und so anderen Passanten den Weg blockierte. Wie betäubt murmelte ich eine Entschuldigung, setzte mich auf die Stufen zur Eingangstür des Wohnhauses, vor dem ich gestanden hatte, und zündete mir eine Zigarette an. Das darf doch alles nicht wahr sein!, dachte ich bei mir und schüttelte stumm den Kopf.

Eine Weile hockte ich so da und versuchte, meine neu gewonnene Erkenntnis zu verdauen. Natürlich hatte ich mir zuvor bereits mehrfach den Kopf über Daniel und mich zerbrochen, es jedoch nie zugelassen, die Gedanken, die mir in diesem Zusammenhang kamen, auch zu Ende zu denken. Schließlich zückte ich mein Handy und wählte spontan und im Autopilot-Modus die Nummer meiner guten Freundin Rudi, die während unserer Freundschaft immer wieder unter Beweis gestellt hatte, dass sie eine Frau zum Pferdestehlen ist. »Hey Lala, was gibt's?«, rief sie wenige Sekunden später fröhlich ins Telefon. »Ich muss hier weg. Schnell. Irgendwohin«, informierte ich sie unumwunden und fuhr im Ziege-Stil fort: »Kannst du dich 'ne Woche freimachen? Urlaub? Wir beide?« Rudi wäre nicht Rudi, wenn sie nicht genauso reagiert hätte, wie sie es eben tat: »Alles klar! Dann gehen wir beiden Hübschen also endlich mal wieder zusammen auf Reisen. Lass mich wissen, wenn du deine Idee konkretisiert hast. Ich bin dabei.«

28

AUF ODYSSEUS' SPUREN

Bevor ich gemeinsam mit Rudi zu meiner ersten »Flucht« antrat (ja, Sie haben richtig gelesen: meiner *ersten* – inzwischen dürfte wohl klar sein, dass ich wirklich für *alles* mehrere Anläufe brauche), widmete ich mich noch einer Aufgabe, die ich entgegen meinen Gewohnheiten immer wieder prokrastiniert hatte: Endlich sendete ich die Bewerbungen für das Referendariat ab.

Bisher hatte ich dies aus mehreren Gründen vor mir hergeschoben: Erstens wollte ich mich ja eigentlich noch bis vor einigen Wochen aus dem Leben verabschieden und beurteilte Zukunftsplanungen und damit einhergehende Handlungen folgerichtig als überflüssig. Zweitens verspürte ich, Suizidabsichten hin oder her, nicht das *geringste* Verlangen danach, mein halbherzig angestrebtes Berufsziel Lehrerin weiterzuverfolgen. Und drittens war mein Gehirn trotz offenkundig diverser Fehlschaltungen noch in der Lage dazu, vernünftigerweise anzuzweifeln, dass ich physisch und psychisch überhaupt dazu imstande wäre, diese anstrengende letzte Ausbildungsphase durchzuhalten. Etwas abzubrechen, was ich einmal begonnen hatte, kam für mich jedoch auch nicht infrage. Also füllte ich jetzt endlich artig die unzähligen Fragebögen aus und versicherte ohne mit der Wimper zu zucken schriftlich, »dass ich zurzeit nicht an einer Krankheit oder chronischen Gesundheitsstörung leide« …

Als ich die Unterlagen schließlich auf ihren unrühmlichen Weg gebracht hatte, setzte ich mich konkret mit der »Urlaubs«-Planung auseinander. Ohne irgendeine Ahnung, wohin es eigentlich gehen sollte, und ohne irgendein nennenswertes

Reisebudget klickte ich mich tagelang von Website zu Website. Schließlich kam mir meine Großmutter zu Hilfe, die eigentlich gar nicht meine Großmutter ist, aber das ist eine andere Geschichte. Auf jeden Fall entwickelt man mit beinahe 90 Lenzen auf dem Buckel anscheinend ein Gespür dafür, was Menschen in bestimmten Situationen brauchen. So sagte sie mir während meines nächsten allwöchentlichen Besuchs bei ihr, ohne dass ich irgendetwas in diese Richtung erwähnt hätte, auf den Kopf zu: »Du brauchst Urlaub, Schätzchen. Schnapp dir eine Begleitung, und ich spendiere euch eine Reise. Ich bezahle alles – sofern du *nicht* mit Daniel fährst.«

Obwohl ich ihr in den allermeisten Fällen Differenzen zwischen uns verschwieg, ahnte ich schon länger, dass sie nicht gerade Daniels größter Fan war. Derart eindeutig zweideutig hatte sie sich jedoch noch nie geäußert. Normalerweise hätte ich mich mit Händen und Füßen gegen ihr meiner Ansicht nach viel zu großzügiges Angebot gewehrt, aber stattdessen fiel ich ihr nun dankbar in die Arme. Wieder daheim, durchforstete ich mit neuem Antrieb die Online-Reiseschnäppchen und buchte nach kurzer Rücksprache mit der hocherfreuten Rudi eine Woche Kroatien.

Zehn Tage später, in denen ich so oft wie möglich außer Haus gewesen war, um Daniel aus dem Weg zu gehen, saßen wir im Flieger. Das Hotel war traumhaft, Land und Leute fanden sowohl Rudi als auch ich grandios, und die Maisonne brachte angenehme Temperaturen mit sich. Ich schaffte es tatsächlich, mich ein wenig zu entspannen und mir an zwei Abenden sogar ein Stück Kuchen vom Buffet zu holen, wobei ich natürlich dennoch streng darauf achtete, generell täglich im Energiedefizit zu bleiben. Rudi, die ich als eine der Ersten über meine Anorexie aufgeklärt hatte, verschonte mich mit Kommentaren über meine kalorienarmen Salatteller. Vor ihr konnte ich unbefangen agieren, da ihr Schweigen keiner Hilflosigkeit geschuldet war und ich sie mit meinem Essverhalten nicht in Verlegenheit brachte – sie hatte selbst jahrelang an Bulimie gelitten und wusste einfach, dass auch Ratschläge *Schläge* sind und sie mich mit solchen nur in eine unangenehme Lage gebracht hätte. Zwar hatte auch Rudi mich bereits früher auf meine »Figur«, die diese Bezeichnung kaum noch verdient hatte, angesprochen, aber ich hatte ihre vorsichtigen Nachfragen diesbezüglich mit genau der gleichen Härte abgeschmettert wie bei allen anderen auch. Und da auch Rudi sich selbst und ihren Mitmenschen lange nicht eingestehen wollte, dass sie Bulimikerin war, ließ sie mir die Zeit, um selbst zu der notwendigen »Krankheitseinsicht« zu kommen, wie es im medizinischen Fachjargon heißt.

Daher waren Rudi und mir beinahe schon schmerzhaft ehrliche und offene Gespräche über Essstörungen möglich. Da ich selbst ja bekanntermaßen nicht unerhebliche Schwierigkeiten damit habe, mich zu übergeben, fragte ich sie, wie sie dies so häufig und vor allem so diskret zustande bringen konnte. Denn auch ich hatte in unserer langen Freundschaft niemals etwas davon bemerkt. Rudi lachte freudlos auf und sagte: »Das ist nun wirklich keine Kunst. Es gibt da einen ganz einfachen Trick. Du musst nur …« – »Halt!«, rief ich plötzlich, scheinbar noch bevor dieser Einwurf sich überhaupt als vollständiger Gedanke in meinem Gehirn manifestiert hatte. »Sprich jetzt nicht weiter, okay? Ich glaube, es ist besser, wenn ich solche Insider-Tipps nicht kenne.« Was mich dazu bewogen hat, die verwunderte Rudi an dieser Stelle so nachdrücklich zu unterbrechen, frage ich mich manchmal heute noch. Und ich kann Ihnen jetzt schon versichern, dass auch *Sie* sich im weiteren Verlauf meiner Geschichte noch an diese Szene erinnern werden und meine heutige Erleichterung über den abrupten Abbruch dieser Unterhaltung nachvollziehen werden können.

Doch so weit sind wir noch nicht – jetzt sind wir erst mal in Kroatien, wo es mir vergleichsweise wirklich gut ging und ich zunächst sogar meine Beziehungsprobleme einigermaßen ausblenden konnte, da ich während meiner Flucht, äh – meines *Urlaubs* – nur wenig Kontakt mit Daniel pflegte. Das änderte sich, als ich von ihm die Nachricht erhielt, dass Post vom Bildungsministerium für mich ins Haus geflattert war. Ich bat ihn, den Brief zu öffnen und mir ein Foto des Schreibens zu schicken. Rudi und ich hatten uns gerade auf einer Couch in einem gemütlichen Café mit Blick aufs Meer niedergelassen, als ich das gewünschte Bild und damit die Information erhielt, dass ich ab August einen Ausbildungsplatz sicher hatte. Wortlos hielt ich meiner Freundin, der ich, wie überhaupt niemandem, kein Wörtchen über meine Vorbehalte gegen das Referendariat gesagt hatte, mein Handy mit dem geöffneten Foto hin. Sie überflog die Zeilen rasch und riss dann strahlend beide Arme in die Luft. »Das ist ja großartig! Gratuliere!«, rief sie euphorisch und breitete die noch immer hochgereckten Arme nun in Erwartung einer freudigen Umarmung in meine Richtung aus.

Ich allerdings war zur Salzsäule erstarrt und zeigte keine Regung. Was meine Krankheit betraf, konnte ich meiner Freundin offen gegenüber sein – dass es bei mir jedoch auch bezüglich meiner Berufswahl »krankte«, brachte ich nicht über die Lippen. Hilflos wedelte Rudi ein wenig mit ihren oberen Extremitäten hin und her und sagte schließlich in nach wie vor um Fröhlichkeit bemühtem Tonfall: »Ich weiß nicht, wie ich reagieren soll …!?« Um sie nicht weiter dumm dastehen zu lassen, begab ich mich nun doch in die gewünschte Umarmung und lächelte. »Ja, das ist wirklich … toll!«, rang ich mir ab und legte mein

Smartphone zurück in die Tasche, nachdem ich kurz noch eine Dankesnachricht an Daniel eintippte und im diesem Zuge fragte, ob er sich bereits wie versprochen um den TÜV für das Auto gekümmert hatte.

Nachdem ich vor Daniel das eigentlich ohnehin Offensichtliche, nämlich dass ich magersüchtig war, ausgesprochen hatte, wollte er sich künftig mehr ins »Alltagsgeschäft« einbinden, um mich zu entlasten. Bis dahin hatte es sich im Laufe der Jahre irgendwie so eingeschlichen, dass der Löwenanteil an Haushaltsführung, Papierkram etc. an mir hängen geblieben war. Nun zeigte mein Verlobter zwar guten Willen, bekam es aber meistens trotzdem nicht hin, die an ihn delegierten Aufgaben zu erfüllen. (Sorry, Daniel: Das Letzte, was ich möchte, ist es, dich hier an den Pranger zu stellen – aber wenn du ehrlich bist, weißt du, dass das stimmt ...) Durch die Bewerbungen und die Reisevorbereitungen war mir entfallen, dass die TÜV-Plakette am Monatsende ablaufen würde, und so hatte ich Daniel gebeten, den roten Flitzer zur Inspektion zu bringen, zumal ich den Wagen wegen eines Termins sofort nach meiner Rückkehr brauchte. Ein Kumpel, der ein paar Häuser weiter von uns entfernt wohnte und in einer Werkstatt arbeitete, hatte angeboten, das Auto morgens auf dem Weg zur Arbeit mitzunehmen und abends wieder mit dem offiziellen Siegel seiner Straßentauglichkeit vor unserer Tür abzuliefern. Daniel brauchte also nichts weiter zu tun, als einmal den Schlüssel zu übergeben und wieder entgegenzunehmen. Als ich mich nun via Nachricht zwei Tage vor Abreise bei ihm erkundigte, ob diesbezüglich alles seinen Lauf nahm, blieb eine Antwort aus. Ich bemühte mich darum, mir keine Gedanken über die Ursache hierfür zu machen und cool zu bleiben.

Abends im Hotel ließ ich mich dann doch zu einer erneuten Nachfrage hinreißen. Kurz bevor Rudi und ich uns schlafen legen wollten, ereilte mich eine Nachricht von Daniel. Das mit dem TÜV habe leider nicht geklappt, hieß es darin, ohne weitere Erläuterungen dazu, woran das Unterfangen letztendlich gescheitert war. Ich zog ihm schließlich aus der Nase, dass er vergessen hat, unseren Freund diesbezüglich zu kontaktieren. Nun stand das Wochenende vor der Tür, und es gab keine Möglichkeit, das Versäumte noch rasch nachzuholen. Warum erzähle ich Ihnen das alles? Ganz einfach: Mittlerweile zog ich ernsthaft in Betracht, dass es sich bei Daniels Tun oder besser: bei Daniels *Unterlassen* um irgendeine Form passiv-aggressiven Verhaltens mir gegenüber handelte. Anders konnte ich mir das alles schlichtweg nicht mehr erklären. Auf jeden Fall war ich nach unserem Nachrichtenaustausch gelinde gesagt mit dem Arsch an der Decke. Wütend schmiss ich das Handy in die Nachttischschublade, warf mir eine Decke um die Schultern und setzte mich mit Kippe und Cola Light auf den dunklen Balkon.

Rudi ließ natürlich nicht lange auf sich warten und hakte nach. Ich erzählte ihr die aktuelle und einige ältere Geschichten von vergleichbarer Couleur. Meine Freundin hörte natürlich nicht zum ersten Mal etwas Derartiges von mir, hatte in Daniel aber wie die meisten meiner Freunde (und ich letzten Endes auch) stets lediglich den liebenswerten Schussel gesehen. Das zumindest war bisher mein Eindruck gewesen. Nun aber präsentierte Rudi sich außergewöhnlich ernst, und es entstand eine Unterhaltung, in der sie mir, wenn auch zu keinem Zeitpunkt mit expliziten Äußerungen unterlegt, riet, mich von Daniel zu trennen.

Ich saß auf meinem Plastik-Balkonstuhl wie ein Häufchen Elend. Was war denn hier los? Erst vor Kurzem keimten bei mir erste echte Zweifel an meiner Beziehung. Dann stellte meine Großmutter diese ominöse Bedingung für die Gratis-Reise,

und jetzt saß mir die Frohnatur Rudi mit Grabesmiene gegenüber und fragte mich, ob Daniel mir tatsächlich guttäte. Liebend
gern hätte ich daraufhin Argumente für die anstehende Hochzeit
vorgetragen. Doch mir fiel bloß ein einziger »Grund« für eine
Fortsetzung von Daniels und meiner Verbindung ein, den ich
nun in dem Gespräch mit Rudi gebetsmühlenartig wiederholte:
»Sieben Jahre!«, sagte ich und wies damit auf unsere beacht-
liche Beziehungsdauer hin. Hätte ich für jede Erwähnung dieser
beiden Worte an jenem Abend auf magische Weise ein Gramm
an Körpergewicht zugenommen, müsste ich meine Klamotten
heute bei Brautmoden Plus kaufen.

29

BÄSSE AM BALATON

Als ich daheim landete, hatte der Frühling mit seinem warmen Wetter auch in Berlin Einzug gehalten. In meiner und Daniels Wohnung hingegen herrschten die klimatischen Bedingungen einer Polarexpedition. Daniel rang sich eine Entschuldigung für das TÜV-Desaster ab und holte die Einhaltung seines Versprechens in der folgenden Woche nach. Dennoch war ich kaum noch in der Lage dazu, ein vernünftiges Gespräch mit ihm zu führen. Ich reagierte gereizt, gab mich kurz angebunden und hätte mich für mein Benehmen mehr als einmal gerne selbst geohrfeigt. Doch auch mein Verlobter zeigte sich nicht gerade aufgeschlossen mir gegenüber. Da er akut an Rückenproblemen litt und sich kaum rühren konnte, verbrachte er den Großteil seiner Zeit mit PlayStation-Spielen auf der Couch liegend, wo er ab sofort auch immer häufiger mit Verweis auf seine Bandscheiben über Nacht blieb. Das Buch zum Thema Magersucht, welches ich ihm vor Fahrtantritt nach Kroatien mit dem Hinweis gegeben hatte, dass er mich nach dessen Lektüre vielleicht etwas besser verstehen könnte, war unberührt geblieben.

Mit anderen Worten: Kaum war ich nach Rudis und meinem Trip zur Haustür hereingekommen, wollte ich auch schon wieder hinaus. Ich erzählte Dr. Fedland von meiner erneuten Aufbruchstimmung, verschwieg ihm aber meine wahren Beweggründe. Da er nicht nachbohrte, wie er es üblicherweise tut, sobald ihm etwas nicht plausibel erscheint, vermutete ich, er war sich im Klaren darüber, welches Spiel ich trieb. Über Daniel hatten wir nicht erneut gesprochen – es war einfach zu dringlich, zunächst irgendeine Strategie zu finden, mit der ich mir die mittlerweile *lebensnotwendige* Gewichtszunahme erlauben konnte. Doch auch ohne dass sich eine solche Strategie auftat, trat ich nun endgültig in die Fußstapfen des antiken Helden Odysseus und begann schon bald meine nächste Irrfahrt.

Wieder bat ich Rudi, sich von ihren beruflichen und privaten Verpflichtungen loszueisen und mit mir das Weite zu suchen. Wieder war sie für mich und mit mir zu jeder Schandtat bereit. Solche Freunde wünsche ich wirklich jedem. Allerdings herrschte in ihrem Portemonnaie jetzt wirklich Ebbe, und ich zapfte in meiner Not tatsächlich noch einmal das Erbe meiner Eltern an, um unsere Fahrt zu finanzieren. Als Ziel erkor ich dieses Mal Ungarn aus, was ich nicht aus irgendeiner Vorliebe heraus tat, sondern weil schlicht und ergreifend das allererste Angebot auf der allerersten Urlaubs-Website, die ich aufrief, ebenjene Reise an den Balaton war. Das Angebot kann ja so schlecht nicht sein, wenn es gleich auf der Startseite beworben wird, dachte ich, während *Sie* bestimmt schon präventiv schadenfroh über diesen naiven Gedankengang grinsen müssen. Allerdings zu Recht, weshalb ich Ihnen das natürlich nicht übel nehme …

Ich erlaube mir selbstverständlich kein generelles Urteil über den Balaton. Und man kann es wohl einfach nur Pech nennen, dass wir unser Hotel exakt zu dem Zeitpunkt bezogen, an dem auch ein einwöchiges riesiges Technofestival in unmittelbarer Nachbarschaft begann. Kurzum: An Schlaf war nicht zu denken, da die Technojünger ihre wirklich erstaunlich leistungsstarken Boxen natürlich erst dann so richtig aufdrehten, wenn »normale« Leute sich zur Nachtruhe betteten. Dass das Essen im Hotel von unterirdischer Qualität war, erkannte sogar ich, obwohl ich von dem entsprechenden Angebot aufgrund meines Dachschadens ja nur wenig Gebrauch machte. Zudem hatte die ganze

Anlage den Charme einer sowjetischen Soldatenkaserne, und nachdem Rudi und ich vier Tage ohne Schlaf und bemerkenswerte Energiezufuhr in dem Achtzigerjahre-Bunker ausgeharrt hatten, buchte ich uns kurzerhand in einem Hostel in Budapest ein.

Trunken vor Müdigkeit taumelten wir mit unseren Rollkoffern zum Bahnhof und schliefen in dem uralten, lauten Zug immer noch besser als im Hotel. In der ungarischen Hauptstadt hatten wir mehr Glück mit unserer Unterkunft, aber abschalten konnte ich auch hier in keiner Weise. Zu sehr pressierten meine privaten Probleme, die offenbar auch dazu führten, dass sich meine Anorexie noch deutlicher auswuchs als sowieso schon. Ich aß wirklich kaum noch etwas und nutzte jede Gelegenheit, um selbst Rudi auszutricksen und große Teile meiner ohnehin asketischen Mahlzeiten »verschwinden« zu lassen. Meine Gedanken kreisten abwechselnd um Essen beziehungsweise *Nicht*essen, um Daniel und das Referendariat, das in nunmehr zwei Monaten beginnen sollte.

Als wir wieder Kurs Richtung Heimat genommen hatten, kroch ich quasi auf dem Zahnfleisch nach Hause. Daniel und ich hatten während meiner Abwesenheit wieder nur wenige Nachrichten ausgetauscht, und ich war gespannt, was ich empfinden würde, wenn ich ihn wiedersah. Ich gab mir wirklich alle Mühe und strengte mich an, zu allem gute Miene zu machen. Einen letzten Versuch, die Beziehung zu kitten, musste ich noch unternehmen. Noch ein Mal wollte ich alle Kräfte aufbieten, um zu retten, was längst verloren war – doch mein Bemühen glich der Angstblüte sterbender Bäume, deren Schönheit nur augenscheinlich und von kurzer Dauer ist.

Und so kam es für mich erneut zu einem schmerzvollen Schlüsselerlebnis: An einem ganz gewöhnlichen Tag schloss ich ganz gewöhnlich die Wohnungstür auf und schaute ganz gewöhnlich zu Daniel hinüber, der, noch immer mit lädiertem Rücken, auf dem Sofa lag. Er war offensichtlich eingeschlafen und hatte mein Eintreten nicht bemerkt. Und wie ich da so noch immer in meiner Straßenjacke auf der Zimmerschwelle stand und mir meinen Verlobten besah, wurde mir wie aus dem Nichts und ohne besonderen Anlass bewusst: Daniels und meine Liebe war am Ende. Eine Liebe, die über Jahre hinweg nicht nur alltägliche Hürden überwunden hatte, sondern auch der schwierigen Phase der Krankheit und dem Tod meiner Eltern standgehalten hatte. All das hatte unsere Beziehung überlebt. Anorexia nervosa aber konnte sie nichts entgegensetzen, wir beide waren der Krankheit hilflos ausgeliefert. Also musste es nun darum gehen, dass *ich* überlebte. Stocksteif stand ich minutenlang in der Tür und *gaffte* den Mann, den ich heiraten sollte, regelrecht an. Der dort so selig und selbstverständlich auf der Couch ein Schläfchen hielt, ahnte nicht (und ist bis zum Erscheinen dieses Buches in Unkenntnis darüber, wofür ich mich bei ihm entschuldigen möchte, aber Daniel: Wie hätte ich dir das sagen sollen?), dass ich in diesen Minuten das Ende unserer Beziehung besiegelte.

30

SCHLUSSSTRICH UND AUFSTRICH

In den nächsten Tagen zerbrach ich mir den Schädel darüber, auf welche Weise ich das Unvermeidliche hinter mich bringen sollte. Mein schlechtes Gewissen brachte mich fast um den Verstand, denn nicht nur die Möglichkeit einer gemeinsamen Zukunft würde ich Daniel nehmen, sondern auch sein Zuhause, da unsere gemeinsame Wohnung mir gehörte. Schließlich musste ich zu dem Ergebnis kommen, dass es eine »elegante« Methode für diese Trennung (wie wohl auch für jede andere) einfach nicht gab.

Da ich mit Worten am besten umgehen kann, wenn ich diese zu Papier bringe, entschloss ich mich, einen Abschiedsbrief an Daniel zu schreiben. So lange ich auch verzweifelt mit der Entscheidung über das Aus gerungen hatte – nun zeigte sich, dass ich die Notwendigkeit und die Gründe dafür insgeheim schon seit Längerem erkannt haben musste. Wie ließe es sich sonst erklären, dass ich dazu fähig war, den Brief in einem einzigen Guss und ohne irgendeine nachträgliche Korrektur niederzuschreiben? Die Worte *flossen* förmlich aus mir heraus, dabei jedoch keine einzige Träne. Das traurige Ergebnis meiner siebenjährigen Beziehung stand schwarz auf weiß vor mir, und ich wusste, dass nun alles sehr schnell gehen würde.

Am darauffolgenden Tag musste Daniel schon früh das Haus verlassen. Die Nacht über hatte ich kaum ein Auge zugetan, aber dennoch stellte ich mich schlafend, bis ich die Tür hinter ihm ins Schloss fallen hörte. Unmöglich hätte ich mein normales Morgenprogramm durchziehen können, während er durch die Wohnung lief und sich für die Uni vorbereitete. Unmöglich hätte ich ihm den gewohnten Abschiedskuss vor seinem Aufbruch geben können. Sobald ich nun aber hörte, wie Daniels Schritte im Treppenhaus leiser wurden, stand ich auf und warf wahllos einige Sachen in meine Reisetasche. Mit zitternden Händen legte ich den Brief auf den Küchentisch und meinen Verlobungsring daneben. Einen Moment lang betrachtete ich dieses symbolträchtige Stillleben: ein wahres Klischee zerbrochener Liebe. Dann steckte ich Marias Schlüssel ein, die ich vorab informiert hatte und in deren Wohnung ich in den nächsten Tagen Zuflucht finden sollte. Ich hatte Daniel in meinem Schreiben wissen lassen, dass ich ihm zunächst die Wohnung überlassen würde, damit er sich sammeln und seine nächsten Schritte in Ruhe planen konnte.

Als ich das Haus verlassen hatte, steuerte ich umgehend meinen angestammten Fitnesstempel an. Ohne tags zuvor zu Abend gegessen zu haben und natürlich auch ohne Frühstück legte ich mit meinen 40 Kilo in der menschenleeren Filiale fast einen kompletten Halbmarathon auf dem Laufband hin, bis ein aufmerksamer Mitarbeiter an mich herantrat und fragte, ob ich nicht langsam genug hätte. Mit letzter Kraft schaffte ich es, mich umzuziehen. Die Umgebung verschwamm vor meinen Augen, und Geräusche drangen nur noch wie aus weiter Entfernung an mein Ohr. Irgendwie brachte ich den Weg zu Marias Wohnung hinter mich, wo ich mich ins Bett legte und in den Schlaf flüchtete.

Ich erspare Ihnen, mir und vor allem dir, Daniel, weitere öffentliche Ausführungen darüber, was in den nächsten Tagen geschah. Nur so viel sei gesagt: Die Lage war verzweifelt, blieb aber Gott sei Dank friedlich. Über mein Essverhalten in dieser Zeit gibt es eigentlich nichts zu berichten, da es ein solches Verhalten eigentlich gar nicht *gab*. Doch auch diesbezüglich sollte es bald einschneidende Veränderungen in meinem Leben geben, die sich als wahres Drama erweisen sollten. Der Weg dorthin nahm seinen durchaus noch positiven Anfang bezeichnenderweise an jenem Abend, als Daniel seine wichtigsten Habseligkeiten zusammenpackte und vorübergehend zu einem Kumpel zog. Wir hatten uns in der Wohnung zu einem – wie es so schön heißt – »klärenden Gespräch« verabredet. Nun schulterte er seinen Rucksack, griff sich seine große Sporttasche und verließ das Haus, das in den letzten Jahren sein Zuhause gewesen war.

Nachdem er aus der Tür war, sank ich erschöpft auf einen Küchenstuhl und lauschte eine Weile dem Ticken der Wanduhr in der ungewohnt stillen Wohnung. Schließlich begann ich, vor Energiemangel am ganzen Leib zu zittern. Ich musste unbedingt etwas essen und öffnete automatisch den Tiefkühler, um eine Tüte mit Wok-Gemüse daraus zu fischen. Doch irgendetwas ließ mich in der Bewegung innehalten. Ich schob das Fach wieder zu und ging stattdessen zum Vorratsschrank hinüber. Dort griff ich nach dem Schokoladenaufstrich, den Daniel häufig zum Frühstück aß. Ich stellte das noch halb volle Glas auf den Tisch, legte eine angefangene Packung Toast daneben und besah mir das Ganze einen Moment lang.

Normalerweise hätte ich bereits bei dem bloßen Anblick dieser Nahrungsmittel Schnappatmung bekommen. Jetzt aber nahm ich in absolutem Ruhepuls Teller und Messer zur Hand, setzte mich und bestrich das Weißbrot mit der fetten, zuckrigen Creme. Ich aß ein paar Toasts und ging dann dazu über, die Schokomasse direkt aus dem Glas zu löffeln. In völliger Gelassenheit arbeitete ich mich durch bis auf dessen Boden. Das leere Behältnis entsorgte ich wie selbstverständlich im Abfalleimer, spülte das Geschirr ab und zog mir meinen Pyjama an.

Als ich schließlich im Bett lag, in welchem sich das erste Mal seit sieben Jahren nur eine einzige Decke und ein einziges Kopfkissen befanden, ließ ich das soeben Getane Revue passieren. Reflexhaft und routiniert addierte ich gedanklich zusammen, was ich bei dem abendlichen Gelage zu mir genommen hatte. Ich kam auf eine Summe von etwa 1500 Kalorien, was ungefähr der Summe entsprach, die ich mir normalerweise an zwei kompletten Tagen zugestand.

Die Erinnerung an das Gefühl, während ich in jener Nacht vor mich hin rechnete, lässt mich noch immer wehmütig lächeln, da ich dieses bis zum heutigen Tag leider nicht noch einmal verspüren durfte, was sich aber hoffentlich irgendwann ändern wird: Es war mir schlicht und ergreifend *scheißegal*. Ich weiß nicht, ob Sie nachempfinden können, wie es sich anfühlt, wenn man Dingen – in meinem Fall natürlich dem Essen – gegenüber eine absolut *irrationale* Todesangst verspürt. Dass jedoch zugleich auf *rationaler* Ebene durchaus das Bewusstsein darüber vorhanden ist, dass diese Angst jedweder vernünftigen Grundlage entbehrt, versieht das ganze elendige Paket noch zusätzlich mit einer fetten roten Schleife unbändiger und gegen sich selbst gerichteter Wut. Und nun stellen Sie sich vor, dass Ihnen genau das, worüber Sie sich für gewöhnlich regelrecht das Hirn zermartern, von einer Sekunde auf die andere auf ganzer Linie gleichgültig erscheint. So erging es mir in diesem Moment, und ich kann Ihnen sagen: Die Erleichterung, die damit einhergeht, lässt sich nur als *überwältigend* beschreiben. Von ganzem Herzen wünsche ich diese Erfahrung jedem Menschen auf der Welt, der solche Ängste auszustehen hat.

31

ROBOTER IN RUMÄNIEN

Wie sich dieses Ereignis erklären lässt? Keine Ahnung. Aber leider ist es ohnehin Fakt, dass dieses absolute Freiheitsgefühl, welches mir in jener Nacht vergönnt war, genauso schnell verschwand, wie es gekommen war – die Selbstkasteiung ging bereits am nächsten Tag schon wieder weiter. Außerdem fiel es mir nun schwer, in meiner Wohnung etwas anderes zu sehen als einen Trümmerhaufen zerplatzter Träume und Zukunftswünsche. In jedem Ding und bis in die letzte Ecke hinein sah ich Daniel. Zudem betrug meine Gnadenfrist bis zum Start ins Referendariat bloß noch wenige Wochen. Da dauerte es natürlich nicht lange, bis sich erneut mein Fluchtinstinkt meldete. Jaja, schlagen Sie jetzt ruhig die Hände über dem Kopf zusammen – sogar Odysseus würde nun vermutlich den Kopf über mich schütteln.

Ich aber schüttelte nur mein Portemonnaie und klaubte Geld zusammen, um wieder einmal fluchtartig das Land zu verlassen. Rudi lupfte zwar die Brauen, als ich erneut bei ihr mit Reiseplänen anklopfte, aber ich bin bei Weitem nicht die erste Irre, die sie kennengelernt hat, und so saßen wir dieses Mal eben *gemeinsam* vor meinem Computer, um »ab in den Urlaub« zu fahren. Die Wahl eines Reiseziels gestaltete sich dadurch komplizierter als bisher. Rudi schwebten bestimmte Städte und Länder vor, die aber aus finanziellen Gründen ausschieden. Mir war egal, wohin es ging – Hauptsache ich kam hier weg. Nach scheinbar endlosen Recherchen sagte ich schließlich entnervt: »Wir müssen jetzt einfach irgendwas buchen, und sei es drum, wenn wir dabei irgendwo in der Walachei landen!« Rudi rollte mit den Augen. »Ist ja gut, jetzt mach doch nicht so eine Hektik. Ich schau noch einmal kurz auf einer anderen Seite, und dann einigen wir uns, okay?« Rasch tippte sie etwas in die Suchleiste des Browsers ein, und ich schaute mich ostentativ gelangweilt in meinem Wohnzimmer um. Da blieb mein Blick an einem der Bücherregale hängen. Wolfgang Herrndorfs *Tschick* sprang mir ins Auge. »Rudi, erinnerst du dich daran, wohin die beiden Jungs in *Tschick* fahren wollten?«, fragte ich sie. Verwundert über den spontanen Themenwechsel schaute meine Freundin vom Computer hoch. »Ehrlich gesagt nicht. Wie kommst du denn jetzt *darauf*?« Ich grinste und klärte sie auf: »Durch das, was ich eben gerade gesagt habe. Und durch das Buch natürlich. Das Ziel der beiden Protagonisten ist die Walachei. Die gibt es nämlich nicht nur sprichwörtlich, sondern ganz real irgendwo in Rumänien. Und genau in diese Walachei will ich jetzt.« Rudi schüttete sich geradezu aus vor Lachen und lobte diese Idee, für welche mir einfach kein passendes beschreibendes Adjektiv einfallen will. War das verrückt oder lustig oder dämlich? Oder alles zusammen? So oder so, das Ergebnis war das gleiche: Wir reisten tatsächlich (und äußerst günstig) in die Walachei.

Ich weiß: Das Kapitel war gerade noch so schön launig, und gern würde ich Ihnen nun noch weiter ein wenig Heiterkeit angedeihen lassen. Kann ich aber nicht, denn letztendlich war die Fahrt, die wir da antraten, für mich persönlich eine echte *Tal*fahrt. Nicht nur mein Fluchtinstinkt war offensichtlich groß, sondern auch mein zügelloser Bewegungsdrang war auf dem Höchststand. Täglich stiftete ich Rudi zu regelrechten Gewaltmärschen über Stadt und Land an, obwohl ich mich inzwischen kaum noch auf den Beinen halten konnte. Beschaue ich mir heute die Bilder, die wir in Rumänien gemacht haben, sehe ich

mich darauf als skelettierten, beflaumten Zombie im Sommer-
kleidchen. Ich fror bei 39 Grad im Schatten, fand nachts kaum
Schlaf, weil mir die Knochen schmerzten, und litt nun sogar gelegentlich an Aphasie. Mein Körper konnte nicht mehr. Aber er
wollte. Und genau das ließ er mich nun erstmals spüren, irgendwo in einem rumänischen Motel.

Wir hatten den Tag über eine – wen wundert's? – ausgedehnte
Wanderung durch ein Waldgebiet unternommen und uns wie
jeden Abend in einem Supermarkt ein preiswertes Abendessen
zusammengestellt. Anschließend saßen wir im Schneidersitz
auf dem Fußboden unseres Zimmers, und ich aß meinen Salat
mit Salat, während Rudi sich vernünftigerweise mit Brötchen
und Schoko-Croissant versorgte. Alles war wie immer, als wir
uns wenig später ins Bett legten und die Nachttischlampe aus-
knipsten. Das Einschlafen fiel mir erneut schwer, da sich bei
mir nun auch noch ein Tinnitus manifestiert zu haben schien.
Ich wälzte mich ein wenig hin und her … Und war schlagartig
hellwach. Ach, »hellwach« ist das falsche Wort, aber es *gibt* einfach keines, das diesen Zustand beschreiben kann. Mein Körper
war auf jeden Fall in astreinem Funktionsmodus, geistig jedoch
war ich nur noch eingeschränkt Herr meiner Sinne. Ich sah mir
quasi dabei zu, wie ich mich aus dem Bett erhob und Rudis auf
dem Schreibtisch liegende Brötchentüte ansteuerte. Das Knis-
tern weckte meine Freundin, die das Licht anschaltete und gelinde gesagt *überrascht* fragte, was ich gerade triebe. »Ich habe
Hunger«, hörte ich mich mit ähnlich tonloser Stimme wie der
des Terminators sagen. »Gut … das ist gut«, konstatierte Rudi,
klang dabei aber etwas verunsichert. Sie setzte sich im Bett auf
und beobachtete mich dabei, wie ich die drei Brötchen aus der
Tüte, die eigentlich als Wegzehrung für den nächsten Tag gedacht waren, hintereinander in Affentempo verschlang.

Die Wanduhr zeigte ein Uhr in der Nacht an. Ich guckte zu Rudi hinüber und fragte mit meiner neuen Roboterstimme: »Gibt es hier in der Nähe einen Spätkauf?« – »Wie bitte?! Was willst du denn jetzt bei einem Spätkauf?« – »Schokolade«, erklärte ich – beziehungsweise irgendein offenbar dissoziierter Teil von mir. Rudi lachte fassungslos und witzelte: »Also, ich habe wirklich keine Kenntnis darüber, ob sich hier irgendwo in der Walachei ein Spätkauf befindet.« Ich reagierte nicht auf ihren Gag, sondern packte die Sache jetzt pragmatisch an. »Ich werde mal an der Rezeption nachfragen«, sagte ich und griff bereits nach der Zimmertürklinke, als Rudi sich einschaltete: »Du hast nur ein T-Shirt und einen Schlüpfer an, Lala.« Mechanisch machte ich kehrt und schlüpfte wahllos in eine meiner Oversize-Strickjacken, die oben auf dem Koffer lag. »Besser?«, erkundigte ich mich. »Gib mir eine Sekunde, und ich komme mit«, sagte meine treue Begleiterin und zog sich mit müden Augen ihre Hose an.

Wir stiegen die Treppe zur Rezeption hinab, wo uns die verblüffte Empfangsdame auf Nachfrage hin darüber informierte, dass es nur wenige Gehminuten entfernt tatsächlich einen kleinen Shop gab, der rund um die Uhr geöffnet war. Da ich vorsorglich bereits meine Geldbörse mit nach unten genommen hatte, konnten wir unverzüglich die Schokoladenbeschaffungsmaßnahme in Angriff nehmen. In dem Tante-Emma-Laden sammelte ich fünf große Schokoriegel, eine Packung Kekse und ein Eis zusammen. Rudi zuckte mit den Schultern und legte ebenfalls ein Eis für sich in den Korb. Wir bezahlten und machten uns auf den Rückweg zu unserem Motel. Dort angekommen, stellte ich fest, dass ich die Riegel bereits gänzlich verdrückt hatte – ich hatte das gar nicht wahrgenommen. Wie ferngesteuert machte ich mich nun über meinen restlichen Einkauf her. Rudi entledigte sich ihrer Hose, erzählte mir irgendetwas, an das ich mich heute beim besten Willen nicht mehr entsinnen kann, und schleckte noch immer an ihrem Eis, als ich das letzte leere Papier schon in den Mülleimer befördert hatte und gleich darauf verlautbarte: »Ich benötige noch mehr Schokolade.« Meiner Freundin fielen vor Überraschung fast die Augen aus dem Kopf. Ich nahm erneut mein Portemonnaie zur Hand und suchte nach meinen Schuhen, die ich bei unserer ersten Rückkehr vom Späti achtlos im Flur abgestreift hatte. Die unermüdliche Rudi setzte nun ein Pokerface auf und stieg wortlos wieder in ihre Hose. Zurück im 24/7-Shop, erwarb ich eine XXL-Packung Pralinen. Die Empfangsdame im Motel kommentierte unseren wiederholten Beutezug ebenfalls nicht, hatte aber dafür ihren Kollegen beim Schichtwechsel bestimmt umso mehr zu berichten … Nachdem das halbe Kilo Konfekt meinen Schlund heruntergewandert war, fiel ich umgehend in einen tiefen, traumlosen Schlaf. Als ich am nächsten Morgen die Augen aufschlug, ereilte mich sofort ein Gefühl, das ich nur allzu gut kannte: Todesangst. *Was* hatte ich getan? Nein, besser: *Wer* hatte das getan? Um Rudi nicht zu wecken, schlich ich auf leisen Sohlen zum Abfallkorb, um die schändlichen Zeugnisse der vergangenen Nacht in Augenschein zu nehmen und diese auf ihren Nährwertgehalt hin zu untersuchen. Die Additionsaufgabe ergab die unfassbare Zahl von beinahe 5000 Kalorien. Ich stand ernsthaft unter Schock. Wie zur Hölle sollte ich diese unverschämt hohe Energiezufuhr wieder kompensieren? Und wie war es überhaupt dazu gekommen?

Rudi, du bist echt die Letzte, die ich anlügen wollte, aber jetzt muss es raus: Ich weiß, ich habe dir eine andere Geschichte darüber aufgetischt, warum ich unsere Rückreise nach Berlin früher als geplant antreten wollte. Aber die wahren Gründe dafür waren einerseits, dass ich unbemerkt eine Woche lang fasten wollte, um meine vermeintliche Verfehlung »wiedergutzumachen«, und andererseits, dass ich wirklich annahm, nun verrückt geworden zu sein. Ich war wie gelähmt vor Angst bei dem Gedanken daran, dass mich eine solche nahezu *außerkörperliche* Erfahrung erneut heimsuchen könnte. Deshalb habe ich unsere Flüge umgebucht. Bitte lass mich für diese Lüge nicht bezahlen – wenn wir gerade schon bei der Wahrheit sind, kann ich dir in diesem Zuge nämlich verraten, dass ich bereits dafür geblecht habe: Die Umbuchung hat mich nicht, wie ich behauptet habe, 40 Euro gekostet. Es waren 400.

32

MAGERSUCHT MAL ZWEI

Somit flüchtete ich dieses Mal vor meiner eigenen Flucht und kehrte übereilt nach Hause zurück – im Gepäck eine weitere Erfahrung, auf die ich nur allzu gern verzichtet hätte. Kaum zur heimischen Haustür hereingeplatzt, bestieg ich die vermaledeite Waage in der Befürchtung, mein Fressanfall hätte mich gewiss mit einer Gewichtszunahme bestraft. Mit aufgeregt klopfendem Herzen wartete ich auf das Aufleuchten der Digitalanzeige wie ein Spielsüchtiger am Pokertisch auf die nächste Karte. Nach wenigen Sekunden hatte ich das Ergebnis dann schwarz auf weiß: 39 Kilogramm. Endlich, dachte ich. Und gleichzeitig: Scheiße. Diese beiden parallel laufenden Gedanken hielten sich (und an dieser Stelle *muss* ich mich einfach dieser Redensart bedienen) wirklich und wahrhaftig absolut die Waage. Nie habe ich Goethes *Faust* mit seinem Ausruf »Zwei Seelen wohnen, ach! in meiner Brust« besser verstanden als in jenem Moment, und ich musste mich ernsthaft fragen, ob nun nicht auch mir endgültig der Teufel im Nacken saß. Atheismus schön und gut – aber dass mein Denken derart dissoziativ war, konnte ich mir anders kaum noch erklären.

Ich hungerte den restlichen Tagen bis zum Beginn des Referendariats entgegen und bemühte mich durch einige planlose Umräum-Aktionen und spontane Möbelkäufe über ein Kleinanzeigenportal darum, meine Wohnung von Erinnerungen an Daniel zu »befreien«. Als Tag X schließlich gekommen war, an dem die Vorbereitungskurse für die angehenden Lehrer begannen, stakste ich auf Stelzen-Beinchen zu meinem ersten

Studienseminar. Trotz mangelnden Enthusiasmus kam ich meinen Angewohnheiten folgend viel zu früh bei der vorab postalisch mitgeteilten Raumnummer an und hatte freie Platzwahl. Ich verkrümelte mich in eine der hinteren Ecken und harrte der Dinge, die da kommen mochten. Einige Minuten nach mir öffnete sich die Tür erneut, und ein kleines Rudel künftiger Mitstreiter schlenderte herein. Ich nahm die Truppe in Augenschein und benötigte – dafür muss man aus offensichtlichen Gründen nicht über paranormale Fähigkeiten verfügen – keine Zehntelsekunde, um eine weitere Magersüchtige unter den Leuten auszumachen. Auch sie blieb mit ihren Augen sofort an mir heften und kam wie selbstverständlich herüber, um sich auf dem Stuhl neben mir niederzulassen.

Ein einziger Blick auf sie genügte, um mich glasklar darüber in Kenntnis zu setzen, dass meine Sitznachbarin in Bezug auf Anorexie noch in ganz anderen Sphären unterwegs war als ich: Sie war mit etwa 1,75 Meter rund zehn Zentimeter größer als ich, stieg aber augenscheinlich mit höchstens dem gleichen Kampfgewicht wie meinem eigenen in den Ring. Wieder einmal beschlichen mich ambivalente Gedanken, indem ich einerseits ein schmerzvoll mitleidiges Stechen in meiner Brust verspürte, als ich sie ansah, und mich andererseits geradezu in Bewunderung fragte: Wie hat sie *das* nur schaffen können? Mein krankes Hirn erklärte sie für mich unverzüglich respektvoll zu einer Art »Ranghöheren«, an deren Disziplin und Leidensfähigkeit ich niemals heranreichen würde. Jedoch schaltete sich auch gleich eine innere Stimme ein, die es offenbar gut mit mir meinte, und warnte mich davor, eine zu enge und eventuell »toxisch« wirkende Verbindung mit ihr einzugehen. »Falsche Vorbilder« hatte ich in meiner Jugend bereits zur Genüge gehabt, und dieser Fehler durfte mir kein zweites Mal unterlaufen, wusste ich instinktiv.

»Ich bin Tara«, stellte sich die Großfürstin der Selbstzerstörung nun vor. Ich nannte ihr ebenfalls meinen Namen, und wir schüttelten uns herzlich die Hände, während immer mehr angehende Lehrer in den Raum strömten. Ich fühlte mich an frühere Familienfeiern erinnert, an denen ich als Kind am sogenannten »Kinder-Tisch« Platz nehmen musste, während die Erwachsenen separiert von uns Kleinen Kaffee und Kuchen zu sich nahmen. Nur hockte ich dieses Mal eben nicht am Kinder-, sondern am *Magersüchtigen*-Tisch. Tara und ich saßen routiniert die mehr oder minder heimlichen Blicke der anderen Kursteilnehmer aus. Natürlich wurden wir beide von allen Seiten begafft – klar, solch eine Konstellation kann man schließlich nicht alle Tage in freier Wildbahn beobachten. Und auch, wenn man als Magersüchtige allein irgendwo unterwegs ist, empfiehlt sich (egal, wie *dünn* man ist) das Zulegen eines *dicken* Fells, was Blicke und Kommentare von fremden Personen betrifft. Die anderen Lehramtskandidaten verhielten sich uns gegenüber jederzeit freundlich – aber auf offener Straße kann man auch gegenteilige Erfahrungen machen: Ich habe mir im Laufe der Jahre Sprüche anhören müssen, die in ihrer Härte eine nahezu »faszinierende« emotionale Abgestumpftheit einiger Mitbürger quer durch alle Altersschichten vermuten lassen. Seither wundert es mich kaum noch, dass es tatsächlich Menschen gab, die es im Zweiten Weltkrieg fertigbrachten, die euphemistisch ausgedrückt *mitleidlose* Arbeit eines KZ-Aufsehers auszuführen. Empathie ist auf jeden Fall nicht jedermanns Sache.

Doch zurück zum Start ins Referendariat: Kurz darauf betrat die Seminarleiterin das Zimmer und manövrierte uns blutige Anfänger durch allerlei zu erledigenden Papierkram. In der Pause fand eine lange und offene Unterhaltung zwischen Tara und mir statt. Was unser Thema war, können Sie sich unschwer denken. Über die konkreten Inhalte aber muss ich mich in Schweigen hüllen – nichts liegt mir ferner, als Tara, die sich selbst in diesem Buch wiedererkennen oder von anderen identifiziert werden könnte, durch meine Indiskretion in eine kompromittierende Lage zu bringen. Aber ich darf verraten, dass das Gespräch sich im Nachklang als Ferment auf meinem Weg Richtung Genesung erwies. Taras Leidensgeschichte ist meiner Ansicht nach ungleich größer als die meinige, und ich wusste nach ihrer Erzählung, dass ich niemals an solche Abgründe (und darüber hinweg) treten wollte, wie sie es hatte tun müssen.

Im Zuge meiner Therapie hatte mich bereits die nicht ganz von der Hand zu weisende Vermutung beschlichen, dass ich den Kampf, den ich mittels der Anorexie gegen mich selbst führte, nur verlieren konnte – zumal es ja de facto überhaupt kein »Gewinnziel« gab. Nun führten Taras erschreckende Erlebnisberichte mir zusätzlich vor Augen, was mir physisch und psychisch drohen konnte, wenn ich mein gefährliches Treiben perpetuierte. Nach Ende des Veranstaltungstages ging ich nach Hause und saß so lange in Gedanken versunken rauchend am Fenster, bis mein Tabak aufgebraucht war.

33

IST DAS NOCH NORMAL?

Im Studienseminar war ich herzlich willkommen geheißen worden, und in meiner Ausbildungsschule erging es mir nicht anders. Meine Mentoren und die beiden anderen neuen Referendarinnen an dem gutbürgerlichen Gymnasium sprachen mich nicht auf mein Äußeres an. Ich empfand es allerdings so, dass das Unausgesprochene dadurch erst recht wie ein Elefant zwischen uns im Raum stand, und erzählte ihnen von selbst immerhin die *halbe* Wahrheit. Ich sagte ihnen, dass ich nicht nur meine Eltern, sondern in diesem Zuge auch jede Menge Kilos verloren hatte, ohne sie jedoch über den pathologischen Hintergrund dieses Sachverhalts aufzuklären. Das Gleiche trug ich auch der zehnten Klasse vor, die ich fortan in Politischer Bildung unterrichten sollte. Ich wollte unbedingt eventuellen Schulhof-Gerüchten vorbeugen und hielt die Schüler für alt genug, um mit solchen Informationen umgehen zu können. Ich behielt Recht mit meiner Vermutung: Schüler wie Lehrer reagierten verständnisvoll. Bald baute ich zu allen ein freundliches Verhältnis auf, und meine Unterrichtsstunden liefen gut.

Ich konnte also wirklich nicht besser meckern und schäme mich bis heute dafür, dass sich bei mir an der Arbeit dennoch einfach keine Freude einstellen wollte. Brütete ich daheim über meinen Unterrichtsvorbereitungen, saß ich quasi »sprungbereit« nur mit dem halben Hintern (mehr war ja von diesem bei mir ohnehin nicht mehr übrig) auf dem Schreibtischstuhl, um nach geleisteter Pflicht unverzüglich aufzuspringen und mich mit irgendetwas anderem als der Schule zu beschäftigen.

Dass ich nicht ganz bei der Sache war, was das Referendariat betraf, hatte aber noch eine andere Ursache: Wenige Wochen nach Schulstart hatte ich endlich beschlossen, mich allmählich wieder an Lebensmittel heranzutasten, die über einen echten Nährwert verfügten. Ich überredete mich dazu, meinem täglichen Salat etwas Couscous beizumengen, kochte mir zu meinem Tiefkühl-Spinat auch eine Kartoffel und ersetzte das (sorry, liebe Hersteller) wirklich *widerliche* Eiweißbrot, das ich mir gelegentlich gegönnt hatte, durch herkömmliches.

Guter Dinge berichtete ich meiner Freundin Alice, die in jüngeren Jahren ebenfalls an Magersucht gelitten hatte, von meinen Erfolgen in Bezug auf die erhöhte Kalorienzufuhr. Anstatt des erwarteten Lobs erntete ich zu meiner Verwunderung einen entsetzten Blick. »Du schaust ja, als wären wir hier auf einer Beerdigung! Das sind doch tolle Nachrichten!«, sagte ich verwirrt. Alice fuhr sich unruhig durch die Haare und senkte die Stimme. »Hör zu, es gibt da Dinge, die ich niemals jemandem erzählt habe, und das soll auch so bleiben. Aber ich möchte dir sagen, dass du jetzt *sehr* gut auf dich aufpassen musst. Lass auf keinen Fall zu, dass du von der Anorexie in die Bulimie rutschst, okay?« Nun war es an mir, eine entsetzte Miene aufzusetzen. »Hast du mir nicht richtig zugehört?«, fragte ich sie und konnte meinen Ärger in der Stimme nicht verbergen. »Ich habe gesagt, dass ich endlich etwas mehr esse, damit ich wieder ein halbwegs normales Verhältnis zu Nahrungsmitteln aufbauen kann und an Gewicht zunehme. Dass Kotzen in diesem Zusammenhang der falsche Weg ist, brauchst du mir nicht zu erzählen, das ist mir schon klar. Überhaupt nicht klar hingegen ist mir, warum du annehmen solltest, dass ich mit solch verrückten Gedanken spiele!« Alice hob beschwichtigend die Hände und ruderte augenblicklich zurück. »Entschuldige, du hast recht«, sagte sie und lachte nervös. »Ich … Ich bin sicher, du wirst das ganz großartig hinbekommen.« Just in diesem Moment trat eine weitere Freundin an unseren Tisch, die zu unserer gemeinsamen Verabredung verspätet eingetroffen war. Das Gespräch nahm eine andere Richtung, und ich vergaß Alice' dubiosen Kommentar rasch wieder. Vorerst.

In der kommenden Zeit weitete ich mein »Wiederaufbauprogramm« getauftes Projekt aus. Ich hatte mir eingestehen müssen, dass ich schlichtweg *verlernt* hatte, wie eine normale Essensportion aussah, und so ging ich dazu über, mich größtenteils mit Mikrowellengerichten zu versorgen. Die dort enthaltene Menge entsprach laut den Angaben auf der Verpackung einer gewöhnlichen Mahlzeit. Convenience Food wurde somit zu meiner neuen Bezugsgröße. An besonders mutigen Tagen brachte ich es sogar fertig, freiwillig ein Restaurant zu betreten, wo ich freilich keinen Zugang zu meinen »heiß geliebten« Nährwerttabellen hatte. Das dort bestellte Hauptgericht verspeiste ich dennoch tapfer und in Gänze. Der Koch hatte beschlossen, dass die Portion auf meinem Teller für eine Person adäquat war, und ich stellte seine Entscheidung nicht infrage. Brav aß ich auf und ließ dabei kein einziges Reiskorn und keinen Klecks Soße übrig.

Eine Zeit lang war ich richtig zufrieden mit mir und freute mich darüber, plötzlich wieder ausreichend Energie zu haben, um mich zu verabreden und auch zu später Stunde noch fit zu sein. Endlich habe ich mein Leben zurück!, dachte ich euphorisch, zog mit Freunden durch die Clubs und und fing nach langer Pause wieder mit dem Schreiben an – einer Leidenschaft, die ich durch das Hinzutreten *echter* Leiden in den letzten Jahren kaum noch nachgegangen bin. Auch den Kontakt zu meiner übrigen Familie, der nach dem Tod meiner Eltern auf unschöne Weise abgebrochen war, belebte ich wieder. Ich durchlebte in dieser Phase ein regelrechtes High. Doch wie ich lernen musste, kann auch ein High, das nicht durch Alkohol und Drogen zustande gekommen ist, einen üblen Kater nach sich ziehen.

34

GANZ UND GAR NICHT EINGEPENDELTE PENDEL

Zu jener Zeit geschah etwas mir Unbegreifliches: Anstatt dass mein Körper froh und dankbar darüber war, dass ihm endlich wieder etwas mehr als das zum Lebenserhalt absolut Notwendige angeboten wurde, verlangte er nun immer häufiger nach mehr. Auf einmal meldete sich in mir das längst tot geglaubte Hungergefühl, und ich lief ständig mit knurrendem Magen durch die Gegend. Trotzig widerstand ich jedweder Versuchung – mein Körper sollte sich bloß nicht einbilden, er könnte mir vorschreiben, was ich zu tun habe! Doch meine Gegenwehr nötigte mir wahrhaftig ein Höchstmaß an Disziplin ab, und nicht immer war ich dazu fähig, diesem noch nie zuvor erlebten unbändigen Hungergefühl zu widerstehen. So kam es vor, dass ich gelegentlich vier Brote (für meine Verhältnisse eine *aberwitzige* Menge) hintereinander vertilgte und mich nur mit Mühe davon abhalten konnte, nicht noch weiter zu essen. Verzweifelt joggte ich nach solchen Tagen in aller Herrgottsfrühe zehn Kilometer, noch bevor die Schule begann, und absolvierte nach meiner Heimkehr am Nachmittag sofort noch einmal die gleiche Strecke, um mich für meine Völlerei abzustrafen.

Ich suchte Rat bei meinem Therapeuten: »Ich weiß wirklich nicht, was mit mir los ist. Seit Neuestem habe ich einfach andauernd Hunger. Das ist doch nicht normal! Was soll ich denn machen?«, fragte ich ihn bei der nächsten Sitzung und erzählte ihm, was sich in der letzten Zeit diesbezüglich zugetragen hatte.

173

Dr. Fedland präsentierte ein undurchsichtiges Lächeln und schlug vor: »Geben Sie Ihrem Körper, wonach er verlangt. Er tut es nicht ohne Grund.« In Anbetracht meines wirklichen *Bären-*hungers empfand ich diese Empfehlung geradezu als fahrlässig und widersprach: »Das geht nicht. Wenn ich diesem Hunger-gefühl nachgeben würde, wäre ich wahrscheinlich den ganzen Tag lang nur noch mit Essen beschäftigt!« – »Und was wäre so schlimm daran?«, fragte mein Psychologe trocken und schloss an: »Stellen Sie sich das Ganze wie ein Pendel vor. Dieses hat sich bei Ihnen eine ganze Zeit lang ausschließlich in einem Extrem-bereich bewegt – dem Nichtessen. Wenn es jetzt in die andere Richtung ausschlägt, um sich schließlich wieder in der Mitte *ein-pendeln* zu können, ist das doch völlig okay.«

Im ersten Augenblick war ich regelrecht *wütend* auf Dr. Fed-land. Da saß der Kerl und erklärte einer Magersüchtigen mit Ap-lomb, sie solle doch einfach essen. Um mich mit solch banalen Ratschlägen malträtieren zu lassen, brauchte ich beileibe nie-manden aufzusuchen, der ein Psychologie-Studium hinter sich hatte – so etwas konnte ich (beziehungsweise meine Kranken-kasse) auch billiger bekommen. Entrüstet hakte ich nach: »Sie finden das also gar nicht ungewöhnlich, dass mir ständig der Magen knurrt? Woher soll das denn jetzt auf einmal kommen?!« Dr. Fedland saß noch immer völlig relaxt in seinem Sessel und begann mit einer Gegenfrage: »Haben Sie sich mal im Spiegel angeguckt? Vermutlich meldet sich durch den Hunger gerade der *Überlebensinstinkt* in Ihnen. Ich finde das unter physischen und psychologischen Aspekten in der Tat ›nicht ungewöhnlich‹, um mit Ihren eigenen Worten zu sprechen.« Es entstand eine Pause, in der ich über seine Äußerung nachdachte. Dr. Fedlands Bild des außer Gleichgewicht geratenen Pendels und seine Be-rufung auf die natürlichen menschlichen Instinkte erschien mir nun gar nicht mehr so abwegig, sondern klang im Gegenteil auf einmal sogar ziemlich vernünftig.

Ein Blick auf die Uhr verriet mir, dass die Stunde sich ihrem Ende entgegenneigte, und ich fasste spontan einen Entschluss: »Irgendwie leuchtet mir ein, was Sie gesagt haben. Ich werde das jetzt auf den Prüfstand stellen und mich auf dieses Experiment einlassen. Ab sofort esse ich, wann und was ich möchte beziehungsweise so, wie mein Körper es von mir verlangt.« Nun richtete sich mein Therapeut mit anerkennendem Gesichtsausdruck in seinem Sitzmöbel auf. Mit dieser Wendung hatte er wohl ebenso wenig gerechnet wie ich. »Toll. Das ist wirklich mutig, Frau Sarand«, sagte er mit Nachdruck. »Ach, na ja«, erwiderte ich und versuchte seinen lobenden Kommentar mit wegwerfender Handbewegung abzuschwächen. »Doch, das meine ich ernst! Das ist *wirklich* mutig!«, wiederholte Dr. Fedland noch einmal. Hätte ich auch nur *geahnt*, wie recht er damit hatte und dass mich dieser Mut – zumindest zeitweise – auf ganzer Linie komplett um den Verstand bringen sollte, wäre ich nur allzu gern ein Feigling geblieben.

Ich habe irgendwo einmal ein Sprichwort gelesen, das lautet: »Wenn du Hufe hörst, denk an Pferde und nicht an Zebras.« Als Mensch, der gern nach naheliegenden und vernünftigen Lösungen für Probleme sucht, war ich stets dazu geneigt, dieser Analogie zuzustimmen. Bis ich nun selbst Hufe in Form des Hungers hörte. Und ich kann Ihnen sagen: Die gehörten weder Pferden noch Zebras – sondern *Einhörnern*. Was ich nun im Folgenden erleben sollte, hätte ich mir in meinen kühnsten Träumen nicht ausmalen können, und man kann mir wirklich *alles* vorwerfen, aber keinen Mangel an Fantasie.

35

BESUCH VON MIR SELBST

Mein Entschluss, mich auf das Essensexperiment einzulassen, fiel mit dem Beginn der Herbstferien zusammen. Ich war mir sicher, dass sich bis zu deren Ende bei mir bereits alles wieder »eingependelt« haben würde, und stolzierte guter Dinge durch den Supermarkt. Dort warf ich mit diebischer Freude schmerzlich vermisste Dinge wie Schokolade, Käse und Toastbrot in den Einkaufskorb und fand mich ziemlich cool, wie ich meinen hedonistischen Anwandlungen so großzügig nachzugeben vermochte. Endlich erlaubte ich mir, meinen Hunger zu stillen – und das auch noch mit exakt denjenigen Lebensmitteln, nach denen mein Körper verlangte. Ich wollte seinen Wünschen uneingeschränkt Folge leisten, denn diese äußerte er ja nicht grundlos, wie auch Dr. Fedland zu bedenken gegeben hatte.

Natürlich war es mir nach der langen Zeit der Abstinenz irgendwie »unheimlich«, plötzlich haufenweise Kohlenhydrate zu mir zu nehmen. Mehr als einmal stand ich über dem geöffneten Abfalleimer und besah mir mit ratloser Miene das darin enthaltene Stillleben aus leeren Toast- und Kekstüten, Käseverpackungen und Schokoladenpapieren. Trotzdem kam ich in den ersten Tagen mit meiner krassen Kehrtwende noch gut zurecht. Doch dann stellte sich heraus, dass mein Organismus sich keineswegs mit ein paar wenigen Tagen Fettlebe zufriedengeben wollte. Im Gegenteil: Jetzt war er erst so richtig angefixt und ließ mich bezahlen für das, was ich ihm in den vergangenen Jahren angetan – oder besser: vorenthalten – hatte. Und damit mein Körper auch ganz sichergehen konnte, dass mein noch immer von der Magersucht infiltriertes Gehirn ihm bei der Beschaffung seines »Stoffs« nicht in die Quere kam, schaltete er es kurzerhand aus und programmierte mich wieder in den Robotermodus um, mit dem ich ja bereits in der Walachei Bekanntschaft gemacht hatte.

Die erste Woche der Herbstferien war noch nicht vorbei, als ich mich (noch im Vollbesitz meiner geistigen Kräfte) an den Frühstückstisch setzte und darauf wartete, dass der Toaster meine gerösteten Scheiben ausspuckte. Als es so weit war, aß ich diese großzügig mit Honig bestrichen. Mich wunderte kaum mehr, dass sich hernach bei mir keine Sättigung einstellte, und ich gönnte mir achselzuckend vier weitere Toasts. Mit einem großen Becher Sahnepudding machte ich es mir anschließend auf dem Sofa gemütlich und sollte die erste Mahlzeit des Tages damit eigentlich hinter mir haben, wie ich fand.

Nun wäre es auch für den talentiertesten Wortakrobaten wohl kein Leichtes, Ihnen begreifbar zu machen, wie sich *das* anfühlte, was sich hernach zutrug – außer vielleicht, Sie sind schon einmal in den zweifelhaften Genuss einer Nahtoderfahrung gekommen, wobei Ihr Geist unter der Zimmerdecke schwebte und von dort aus Ihre Körperhülle beobachtete. Keine Sorge, jetzt tische ich Ihnen nicht irgendeine Gruselgeschichte darüber auf, wie ich plötzlich auf magische Weise in meiner Wohnung herumflog. Im Gegenteil: Ich war geradezu in meinem Körper *gefangen*, als ich, ohne diesen Entschluss bewusst gefasst zu haben, auf einmal von der Couch aufstand. Aus einer skurrilen Zuschauerperspektive heraus verfolgte ich, wie ich mir Schuhe und Jacke überstreifte, nach meiner Handtasche griff und das Haus verließ. Zielstrebig steuerten meine Beine eine nahe gelegene Bäckerei an, wo man mich bereits kannte, da ich dort früher häufig für Daniel Croissants zum Frühstück gekauft hatte – eine nette

Geste, die in Wahrheit nur Vorwand für morgendliche Jogging-Runden gewesen war …

Dort angekommen, orderte ich, ohne lange überlegen zu müssen, ein Konglomerat verschiedener Kuchensorten und nun tatsächlich auch die Streuselschnecke, deren Kauf mir bei meinem ersten »Ausstiegsversuch« aus der Magersucht noch unmöglich gewesen war. Die freundliche Verkäuferin verpackte die Stücke sorgsam und stellte die falsche, wenn auch nachvollziehbare These auf: »Da hat wohl jemand Besuch!« Ja, ziemlich schrägen Besuch sogar. Von mir *selbst*, hätte ich gern geantwortet, beließ es aber bei einem schiefen Lächeln, zahlte und marschierte schnurstracks wieder nach Hause. Dort setzte ich mich wie selbstverständlich erneut an den noch mit Frühstückskrümeln übersäten Küchentisch und pfiff mir gefüllten Bienenstich und russischen Zupfkuchen ein, als gäbe es kein Morgen mehr. Nachdem ich auch die Streuselschnecke gekillt hatte, die ich während des Essens immer wieder in ein Glas Sirup tunkte, »durfte« ich das Gelage endlich beenden.

Völlig überfressen schleppte ich mich mit vor Überzuckerung dröhnendem Schädel zurück auf das Sofa, wo ich langsam wieder das Bewusstsein zurückerlangte. Intuitiv überschlug ich die Anzahl an Kalorien, die ich mir an diesem Morgen bereits einverleibt hatte, und kam dabei zu einer Endsumme von circa 3000. Auch wenn Sie selbst nicht an einer Essstörung leiden oder sich keine großen Gedanken um ihre tägliche Energiezufuhr machen, werden Sie sich eine ungefähre Vorstellung davon machen können, wie grenzenlos meine Fassungslosigkeit nach dieser Feststellung war. Denn bedenken Sie: Noch vor Kurzem nahm ich pro Tag lediglich etwa ein Fünftel dieser Menge zu mir. In einem klassischen literarischen Drama könnte man an diesem Punkt diesbezüglich wohl von einer großen »Fallhöhe«

sprechen. Mein Aufschlag auf dem Boden der Realität war dementsprechend hart.

Liebend gern hätte ich mich stante pede in meine Laufklamotten gewandet, um zumindest ein klein wenig »Schadensbegrenzung« zu betreiben. Stattdessen aber fiel ich ins Fresskoma, aus dem ich erst am frühen Nachmittag wieder erwachte. Der Schweiß lief mir in Bächen über den Rücken, und mich überkam ein Gefühl, das ich im ersten Augenblick gar nicht erkannte, weil ich es seit einer gefühlten Ewigkeit nicht mehr empfunden hatte: Mir war *heiß*. Als ich das endlich begriffen hatte, erinnerte ich mich auch wieder an die in einem solchen Fall zu treffende Gegenmaßnahme und zog mir den Pullover aus. Ich schlurfte mit kugelrundem Bauch ins Bad und wusch mir über dem Waschbecken den Oberkörper – für eine normale Dusche fehlte mir die Kraft, da mein Körper offenbar sämtliche Energie für die Kalorienbombe in meinem Magen aufwenden musste. Mit dem Handtuch vor dem Gesicht lehnte ich mich rücklings gegen die angenehm kühlen Fliesen, als sich in meinem Bauch erneut ein Gefühl der Leere breitmachte. Das darf doch nicht wahr sein, dachte ich und stöhnte gequält auf. Ich war felsenfest dazu entschlossen, diesem in meinen Augen absolut *unvernünftigen* Hunger zu widerstehen, und griff auf eine altbewährte Methode zurück, diesen zu bekämpfen, indem ich ein großes Glas Wasser trank.

Doch die Tage, in denen ich meinem Körper mit etwas Gänsewein ein Schnippchen schlagen konnte, waren gezählt. Der Hunger blieb und wuchs in den nächsten Minuten sogar noch rasant an. Als ich erneut nach meinem Glas griff, um mir noch mehr Flüssigkeit zuzuführen, blieben meine Augen dabei an meinen nackten Unterarmen hängen. Ungläubigen Blicks wurde ich Zeuge, wie an ihnen zunehmend die Adern hervortraten. Nach wenigen Momenten quollen überall an mir gut sichtbar blaue Linien hervor, und mich überkam zugleich ein derartiger Hunger, als hätte ich seit Tagen keine Nahrung zu mir genommen. Ein weiteres Mal schaltete sich mein Verstand ab. Ich leerte eine komplette Packung Toast und schickte nun auch das Sirupglas, das ja bereits für meine eigenwillige Streuselschnecken-Komposition hatte herhalten müssen, in den Gnadentod.

36

EIN RÖHRENDER HIRSCH IM ZUCKERSCHOCK

Spätestens ab diesem Tag wurde mir ernsthaft unheimlich, was mir dort widerfuhr. Für mich lag die Vermutung nahe, es handelte sich bei diesem »Phänomen« um eine Symptomverschiebung, in deren Folge ich von der Magersucht in die Fresssucht geraten war. Ich durchforstete das Internet und stieß dabei auf den Begriff »Binge Eating«. Als ich mir dessen Definition durchgelesen hatte, musste ich zwangsläufig zu der Überzeugung gelangen, mir nun genau diese Krankheit eingefangen zu haben. Meine Recherchen ergaben, dass Binge Eating sich durch regelmäßige, unkontrollierbare Essanfälle auszeichnet, bei denen bis zu einem unangenehmen Völlegefühl hin hastig große Mengen an Lebensmitteln verschlungen werden, die einen hohen Energiegehalt haben.

Dass der Leidensdruck der Betroffenen in allen Quellen als *immens* beschrieben wurde, konnte ich nur allzu gut nachvollziehen und wundere mich daher bis heute umso mehr darüber, dass es für diese Quälerei keine eigene diagnostische Leitlinie gibt. Stattdessen wird Binge Eating einfach den sogenannten »nicht näher bezeichneten Essstörungen« zugeordnet. Liebe Weltgesundheitsorganisation: Ich bin mir sicher, dass dort draußen jede Menge Leute herumlaufen, die exakter als ihnen lieb ist »bezeichnen« können, wie sich diese üble Krankheit ausgestaltet. Also bekommt bitte endlich den Hintern hoch und widmet Binge Eating die nötige Aufmerksamkeit, indem ihr es zumindest in euren ICD-Katalog aufnehmt. Wie sonst sollen profunde Therapiemaßnahmen entwickelt werden für etwas, das in Bezug auf seine Ausformungen und pathologischen Hintergründe nicht ausreichend definiert ist?

Auch mein Leidensdruck wuchs rasant an. Der Kontrollverlust, den ich tagtäglich beim Essen erlitt, machte mich fix und fertig. Zudem war mein Verdauungsapparat natürlich, milde ausgedrückt, *überfordert* mit seinen neuen Aufgaben. An Verabredungen mit Freunden oder irgendwelche anderen Freizeitaktivitäten war nicht im Entferntesten zu denken. Ich war zu nichts anderem imstande, als herumzuliegen und mir katastrophale Szenarien für meinen weiteren Lebensweg auszumalen. Entsprechend niedergekämpft stolperte ich einige Tage später in Dr. Fedlands Praxis. Da mein Frühstück an diesem Tag wieder einmal aus reichlich Schokolade bestanden hatte, zitterten meine Hände bei dem Versuch, mir mein tägliches Make-up aufzulegen, so sehr, dass ich schließlich aufgeben musste und ungeschminkt das Haus verließ – was ich mir aus ziemlich ausgeprägten Komplexen heraus seit etwa zehn Jahren nicht mehr erlaubt hatte. Der Gedanke daran, die Wohnung verlassen zu müssen, strengte mich derart an, dass ich auch in meine Garderobe keine Energie investieren konnte und mich kurzerhand in einer Jogginghose auf den Weg machte, mit welcher ich mich normalerweise nicht mal zum Müllcontainer hinter dem Haus trauen würde.

Demaskiert und derangiert saß ich jetzt also bei meinem Psychologen, in dessen Gesicht ich nun erstmals ernstliche Besorgnis zu erkennen glaubte. »Frau Sarand, Sie sehen ... *müde* aus«, stellte er fest und hatte hierdurch eine wahrlich vornehme Formulierung für meinen verlotterten Auftritt gefunden. So gut ich das, was ich erlebte, in Wort fassen konnte, brachte ich ihn auf den neuesten Stand. Es war für mich absolut nicht nachvollziehbar, dass er noch immer dafür plädierte, meine – um es ebenfalls mit einer vornehmen Umschreibung zu probieren – kulinarischen Gelüste weiterhin zu befriedigen. Meinen Ausführungen zu der von mir befürchteten Symptomverschiebung wollte er noch immer nicht zustimmen. Dem Parsimonie-Prinzip folgend hielt er meiner These entgegen, dass von mehreren möglichen Theorien die einfachste meistens die richtige sei. Und die besagte seiner Meinung nach in meinem Fall, dass es sich bei den Essattacken um eine vorübergehende Erscheinung handelte, denen physiologische und psychologische Ursachen zugrunde lagen. Leider gehöre ich aber nun einmal zu den Menschen, die es sich keineswegs *einfach* machen, und die Wucht, mit der mir die Fressorgien immer und immer wieder ins Gesicht und auf den Magen schlugen, hatte mich regelrecht in einen Schockzustand versetzt. Nach der Therapiestunde schlich ich nicht im Mindesten beruhigt zurück nach Hause und füllte zuvor mit zusammengebissenen Zähnen im Supermarkt meine Vorräte an Junk Food auf. Auch Obst und Gemüse wanderten in meinen Warenkorb, aber als ich wieder daheim den Versuch unternahm, Apfel und Paprika zu verzehren, schienen diese förmlich durch mich hindurchzufallen – sie befriedigten mich weder gustatorisch, noch erreichte ich durch sie irgendein Gefühl der Sättigung.

Der Autopilot in mir ließ die angebissene christliche Sündenfrucht liegen und mich stattdessen erneut nach Jacke und Tasche langen. Wenig später fand ich mich in einer benachbarten Drogerie wieder, wo ich in meiner Zeit als aktive Profi-Magersüchtige oft vor dem Regal mit den Non-Food-Artikeln gestanden und auf die dort ausgestellten Waffeleisen und Sandwich-Toaster gestarrt hatte. Letzterer ging nun in meinen Besitz über und wurde daheim von mir unverzüglich einer intensiven Belastungsprobe unterzogen, wenn Sie verstehen, was ich meine ... Nachdem sich in diesem Zuge eine weitere leere Toast-Packung zu den anderen in meinem Abfalleimer gesellt hatte, war mein Magen bereits zum Zerreißen gespannt. Trotzdem überkam mich sogleich der nächste Jieper, und eine Tafel Schokolade fiel mir zum Opfer. Dann eine weitere. Ich saß apathisch auf dem Sofa, um mich herum das achtlos zerpflückte Verpackungspapier, und fühlte mich in jeder Hinsicht zum Kotzen.

Meine Hilflosigkeit, mich gegen dieses Martyrium zur Wehr zu setzen, und meine Todesangst davor, dass dieses kein Ende finden würde, kumulierten mit meiner körperlichen Erschöpfung, und ich bekam feuchte Augen. Ich war viel zu ausgelaugt für lautes Geschluchze und einen ausgedehnten Heulkrampf, sondern saß einfach nur da und sah still dabei zu, wie mir die Tränen in den Schoß tropften. Die Tränen – für mich leider seit jeher einzig und allein ein hässliches Symbol meiner persönlichen Schwäche – ließen sofort in mir Zorn über mich aufwallen. Ich entschied, mich meinem Körper gegenüber in hinreichendem Maße geduldig gezeigt zu haben und dass es jetzt an der Zeit wäre, die Oberhand zurückzugewinnen.

Mit letzter Kraft wuchtete ich mich hoch, ging ins Badezimmer, beugte mich über die Kloschüssel und steckte mir einen Finger in den Hals. Ich möchte Sie nicht mit Einzelheiten dieser Unternehmung verstören und mache es deshalb kurz: Außer wirklich *aberwitziger* Geräusche war aus mir rein gar nichts herauszubringen – Sie erinnern sich ja sicher noch an die Begebenheit aus der Dominikanischen Republik ... So war ich dazu verdammt, als mittelklassige Epigone eines röhrenden Hirschs auf den Knien über der Toilette zu hängen und meinen Ärger auf mich noch weiter nach oben skalieren zu lassen.

Schließlich gab ich auf und wusch mir Gesicht und Hände, als mir blitzartig das Treffen mit Alice in den Sinn kam. Hastig griff ich nach meinem Handy und rief sie an. Ohne mich mit Begrüßungsfloskeln aufzuhalten, fragte ich, sobald sie abgenommen hatte: »Wieso hast du mich bei unserem Treffen neulich vor der Bulimie gewarnt?« Einen Moment lang drang ausschließlich Stille aus dem Hörer. Dann stellte sie nüchtern fest: »Du frisst.« – »Bingo«, gab ich sofort zurück und wunderte mich überhaupt nicht über ihr rasches Erfassen der Situation. Mir war einfach wie Schuppen von den Augen gefallen, dass Alice ähnliche Erfahrungen gemacht haben musste wie ich derzeit. »Und ich weiß, du hast in unserem Gespräch gesagt, dass du über gewisse Dinge nicht sprechen möchtest, aber bitte sag mir so viel, wie du verraten kannst.« Meine Freundin schwieg zunächst erneut. Über dieses Thema zu sprechen kostete sie sichtlich Überwindung. »Okay«, sagte sie schließlich. »Zuallererst: Hast du dich schon übergeben?« – »Nein, aber ich will nicht behaupten, dass ich mich nicht nach Leibeskräften darum bemüht hätte.« Alice atmete hörbar erleichtert aus. »Gut, dass es nicht geklappt hat! Versprich mir, dass du das unter *keinen* Umständen noch einmal versuchst!« – »In meiner momentanen Lage halte ich mich mit Versprechen lieber zurück, aber ich werde zumindest mein Bestes geben, okay? Mich interessiert eigentlich viel mehr, was du mir über diese widerwärtigen Fressattacken berichten kannst! Warum hebst du das mit dem Erbrechen so deutlich hervor?« – »Weil beides sehr eng miteinander zusammenhängt«, sagte sie und seufzte, bevor sie fortfuhr. »Denn auch wenn diese anfallsartige Völlerei wirklich furchtbar ist, hat sie zumindest ein Gutes: Irgendwann bist du einfach so übersättigt, dass du *aufhören* kannst zu essen. Wenn du dich aber zwischendurch übergibst, ist wieder Platz für Neues geschaffen worden, und das Spiel findet einfach kein Ende. Das kann ich dir aus bitterer Erfahrung heraus sagen. Ich habe teilweise *zwölf* Stunden lang am Stück abwechselnd gefressen und gekotzt. Das Essen habe ich tütenweise gleich mit auf die Toilette genommen, um mir zu ersparen, ständig zwischen den Zimmern hin und her laufen zu müssen.«

Fassungslos hatte ich der Geschichte meiner Freundin gelauscht – etwas Vergleichbares war mir bis dato noch nie zu Ohren gekommen. »Wie bist du aus diesem Teufelskreis geflüchtet?«, fragte ich mit belegter Stimme.

»Ich hatte eine gute Psychiaterin. Dort habe ich auch gelernt, dass sehr viele Magersüchtige bulimisch werden, wenn sie solche Essanfälle bekommen. Ich weiß, es fühlt sich ganz anders an, aber Fakt ist, dass du nicht allein mit diesem Erlebnis bist. Doch wenn du jetzt von mir wissen möchtest, wie lange du dich damit herumschlagen musst, kann ich dir leider keine Antwort geben. Da gibt es große individuelle Unterschiede. Und dadurch, dass ich persönlich ja den *Umweg* über die Bulimie genommen habe, lassen unsere beiden Fälle sich ohnehin kaum miteinander vergleichen.«

Ich war wie vor den Kopf gestoßen. Die Anzahl an Dokumentationen und Berichten über Anorexie, die ich in der vergangenen Zeit verschlungen hatte wie nun seit Kurzem Schokolade, ließ sich kaum noch beziffern. Solche Infos aber waren mir dabei nicht untergekommen. »Warum habe ich denn bisher weder von den Fressanfällen noch von dem Übergang in die Bulimie irgendetwas gehört?«, fragte ich sie ehrlich verwundert.

»Tja, darüber wird nicht gern gesprochen. Das gilt auch für mich. Ich habe nicht einmal meiner besten Freundin davon erzählt und tue dies *dir* gegenüber ausschließlich, weil ich dich vor dem Schlimmsten bewahren will.« Ich spürte, dass Alice unsere Unterhaltung zu einem Ende bringen wollte, und beschloss, sie nicht weiter mit Fragen zu löchern. Ohnehin musste ich erst einmal meine neu gewonnenen Erkenntnisse ordnen. »Ich danke dir für deine Offenheit. Vielleicht hören wir in den nächsten Tagen noch einmal voneinander?« – »Du kannst jederzeit anrufen, wenn du mit mir reden möchtest, Lala. Halte durch und bleib von der Schüssel weg!« Wir verabschiedeten uns und legten auf.

Lebe ich hinter dem Mond, oder warum war mir noch nie zuvor zu Ohren gekommen, dass Magersüchtige, denen medial doch regelmäßig eine recht hohe Aufmerksamkeit gewidmet wird, Ähnliches wie Alice und ich erleben? In Fernsehbeiträgen über Kliniken für Essgestörte sieht man die armen Mädchen stets nur mit angespannten Gesichtern vor ihren Tellern sitzen und schaut ihnen dabei zu, wie ihnen jeder einzelne Bissen beinahe im Hals stecken bleibt. Reality-TV geht anders, liebe Produzenten! Denn dass Alice und ich keineswegs Ausnahmefälle sind, sondern im Gegenteil vielmehr die Regel, sollte ich bald in Erfahrung bringen. Aber *noch* nicht. Denn zunächst sollte mein persönliches »Wiederaufbauprogramm« nun erst einmal gänzlich zu einem desaströsen »Abbauprogramm« werden.

37

»DIE VON IHNEN GEWÄHLTE RUFNUMMER IST NICHT VERGEBEN!«

Die erste Ferienwoche war so gut wie vorbei. Urlaubsstimmung aber stellte sich bei mir freilich nicht ein. Die Fresserei wollte kein Ende nehmen, sondern wurde stattdessen tatsächlich noch schlimmer. Jeden Tag meinte ich aufs Neue, nun die Klimax der Völlerei erreicht zu haben – nur um kurz nach dem nächsten Sonnenaufgang eines Besseren belehrt zu werden. Mittlerweile riss mich der Hunger nachts aus dem Schlaf, und einige Nachbarn, die im Schichtdienst arbeiten, dürften nicht schlecht gestaunt haben, wenn bei ihrer Heimkehr um drei Uhr in der Nacht ausgerechnet aus meiner Wohnung der Geruch von Tiefkühl-Pizza in den Hausflur waberte.

Und da der Teufel ja bekanntlich immer auf den größten Haufen scheißt, ereilte mich in einer solchen Nacht nun der ultimative K.-o.-Schlag: Wieder einmal wälzte ich mich schwitzend und schlaflos in meinem Bett umher – in den vergangenen Tagen hatte ich fast täglich die Bettwäsche wechseln müssen, da das hochkalorische Essen und der Stress mich gerade nachts quasi zum Kochen brachten. Schließlich strampelte ich die Decke zur Seite, legte mich auf den Rücken und nahm mein Handy zur Hand, um es nach Ablenkungsmöglichkeiten zu durchforsten. Versehentlich öffnete ich über den Schnellzugriff statt des Browsers meine gespeicherten Kontakte. Da ich nun wirklich nichts Besseres zu tun hatte, entschloss ich mich kurzerhand, mein Telefonbuch nach geraumer Zeit wieder einmal zu aktualisieren, und scrollte die Liste durch. Plötzlich hielt ich inne. Mir war die Telefonnummer meiner Eltern ins Auge gesprungen. Über Minuten hinweg bestaunte ich die vertraute Ziffernfolge mit angehaltenem Atem. In meinem Kopf manifestierte sich der unbändige Wunsch, mit meinem Vater oder meiner Mutter zu sprechen. Dass das unmöglich war, *wusste* ich natürlich – aber so richtig *glauben* hatte ich das nie können. Ich drückte die Anruftaste und lauschte gespannt in den Hörer. Eine Computerstimme meldete sich mit den Worten: »Die von Ihnen gewählte Rufnummer ist nicht vergeben.«

Ob Sie es glauben oder nicht: In jenem schwärzesten Moment wurde ich mir zum ersten Mal *wirklich* gewahr, dass meine Eltern *tot* sind. Dass sie bereits seit mehr als zwei Jahren in Kisten unter der Erde auf einem Friedhof lagen, in die Hände eines Gottes übergeben, an dessen Existenz ich nicht einen einzigen Tag meines Lebens zu glauben imstande war. Demnach war für mich von ihnen nichts weiter übrig als Staub und Asche. Sie blickten von keinem Paradies aus über mein Schicksal wachend auf mich herab und würden für mich über mein gesamtes weiteres Leben hinweg unerreichbar bleiben. »Die von Ihnen gewählte Rufnummer ist nicht vergeben.« Die Erkenntnis und die ihr innewohnende Unabänderlichkeit kulminierten in mir und rissen mich, die ich ohnehin schon durch die vorangegangenen Ereignisse labil war, nun endgültig hinab auf den tiefen Grund einer schweren Depression.

Nach Jahren der Gefühlstaubheit schlug jetzt in einer einzigen verfluchten Nacht gänzlich ungefiltert alles über mir zusammen: die Trauer über den Verlust meiner Eltern gepaart mit den Leidensgeschichten durch meine Magersucht und dem tatsächlichen Bewusstwerden des Scheiterns meiner langjährigen Beziehung, die doch eigentlich im nächsten Jahr in einer Hochzeit hatte gipfeln sollen. Der Heulkrampf, der mich nun förmlich niederknüppelte, muss von außen betrachtet wahrlich filmreif gewesen sein und fand erst ein Ende, als ich zu hyperventilieren begann. Ich hievte mich aus dem Bett und atmete in eine Plastiktüte, um meinen Kohlenstoffdioxid-Haushalt wieder ins Gleichgewicht zu bringen. Da stand ich also, völlig fix und fertig auf allen denkbaren Kanälen, mit einer Tüte vorm Gesicht und einem unerträglichen, beinahe schon *körperlich* spürbaren Schmerz im Herzen in meiner Wohnung und konnte mein Leben in keiner Weise mehr begreifen.

In meinem Kopf überschlugen sich die morbidesten Gedanken, und ich verspürte keinen anderen Wunsch, als dass diesem Elend mit sofortiger Wirkung ein Ende bereitet werden sollte. In diesem Moment war ich dem Suizid, der mir erneut als Lösung in den Kopf schoss, wohl so nahe wie nie zuvor (und hoffentlich nie wieder). Wäre ich auch nur in *geringfügig* besserer Verfassung gewesen, hätte ich es aller Wahrscheinlichkeit nach über mich gebracht, mich ins Auto zu setzen, um mich mit diesem auf irgendeiner Landstraße um den nächstbesten Baum zu wickeln. Aber in jenem Augenblick war ich diesbezüglich zwar zu allem bereit, doch zu nichts in der Lage. So wankte ich stattdessen in die Küche und kramte aus dem Vorratsschrank eine fast vergessene halb volle Falsche Wodka hervor, die einmal von einer Party übrig geblieben war. Die einzige Lösung, die mir in jenem Moment einfiel, war Eskapismus. Und so machte ich mir gar nicht erst die Mühe den Sprit in ein Glas umzufüllen, sondern setzte instantan die Pulle an die Lippen und soff mich ganz pragmatisch innerhalb weniger Minuten ins Koma.

Was die folgenden Tage betrifft, habe ich leider einige Gedächtnislücken und kann nur ungefähr und mit Hilfe größtenteils unleserlicher Tagebucheinträge rekonstruieren, wie sich diese gestaltet haben. Das Haus habe ich ausschließlich zwecks Nahrungsbeschaffung verlassen. Die Zeit daheim habe ich offenbar damit herumgebracht, dass ich mir über einen Online-Filmverleih einige Schmonzetten reinzog, die ich mir bei klarem Verstand nicht einmal gegen Bezahlung ansehen würde. Obwohl ich dies aber nachweislich getan habe, wie mir ein Blick in die Watchlist verrät, kann ich mich an deren Handlungsstränge nicht im Geringsten erinnern. Ebenso war mir bis zur Durchsicht meiner Aufzeichnungen entfallen, dass ich – zwar nur gelegentlich, dafür aber ziemlich exakt – dokumentiert habe, was ich an bestimmten Tagen gegessen hatte. Kleines Beispiel gefällig? Bitte schön:

- 10:30 Uhr: eine Streuselschnecke, ein Stück gefüllter Bienenstich, vier Toasts mit Schoko-Creme
- 13:00 Uhr: zwei Brötchen mit Schoko-Creme, zwei Stücken Käsekuchen, vier Müsliriegel mit Schoko-Creme bestrichen, eine vegetarische Bratwurst, 300 Gramm Sauerkraut (Über das Sauerkraut staune ich bis heute)
- 14:00 Uhr: zwei Tafeln Schokolade
- 14:20 Uhr: vier Sandwich-Toasts
- 17:00 Uhr: eine Packung Kartoffelpuffer (600 Gramm) mit Schoko-Creme bestrichen
- 18:30 Uhr: eine Big-Pizza, zwei Müsliriegel mit Schoko-Creme bestrichen
- 23:30 Uhr: zehn Kekse der Sorte Prinzenrolle, eine Packung Blätterteiggebäck

Ich bin mir im Klaren darüber, dass mein Denken noch immer durch die Magersucht beeinflusst wird und ich bestimmte Nahrungsmittel und -mengen daher sicherlich anders »bewerte« als der gemeine Normalesser. Aber ganz ehrlich: Fänden *Sie* es nicht auch beängstigend, wenn Sie von einem Tag auf den anderen von solchen, in ein euphemistisches Wort gefasst, »Vorlieben« heimgesucht würden? Und zwar über Wochen hinweg? Ohne dass Sie sich dagegen wehren können? Anorexie hin oder her – das kann doch kein Mensch *normal* finden, oder?

Wenn ich nicht mit Essen beschäftigt war, heulte ich – wobei ich beide Aktivitäten häufig gleich miteinander verband. Auf der Waage prangte mir mittlerweile die Zahl 45 entgegen. Dieses Ergebnis betrachtete ich ambivalent. Einerseits war ich erleichtert, dass es nun gewichtsmäßig endlich wieder aufwärts ging. Andererseits aber hinterließ die Unfreiwilligkeit, mit der sich dieser Prozess durch die Essattacken vollzog, einen mehr als faden Beigeschmack. Die Angst, diese Entwicklung nicht mehr stoppen zu können, hielt mich fest im Würgegriff. Vor meinem geistigen Auge sah ich mich bereits als Mittelpunkt eines sensationsgeilen Fernsehbeitrags, der zeigte, wie ich als 300-Kilo-Frau mithilfe eines Krans aus dem Fenster bugsiert wurde, um dann von einem bereitstehenden Schwerlasttransporter ins Krankenhaus eingeliefert zu werden.

Apropos Krankenhaus: Mir drängte sich nun immer intensiver der Gedanke an einen Klinikaufenthalt auf, wo ich hoffte, einfach für einige Zeit »ruhiggestellt« zu werden und wo man auch meine nach wie vor große Befürchtung, zum Binge-Eater geworden zu sein, *ernst* nähme. Denn Dr. Fedland rückte nicht von seiner Ansicht ab, dass es sich bei meinem derzeitigen Zustand lediglich um eine Phase handelte und ich die ganze Angelegenheit, Zitat, »überintellektualisieren« würde. Die wenigen Freunde, denen ich mein Leid klagte, konnten meine Sorgen ebenfalls nicht nachvollziehen. Sie freuten sich darüber, dass ich endlich wieder aß, und beurteilten meine Entwicklung positiv. Im Internet stieß ich auf Foren, in denen auch andere Magersüchtige von immensen Fressattacken berichteten und genauso verzweifelt und hilflos waren wie ich. Sie plagten die gleichen Ängste wie mich, was mich jedoch kaum tröstete, sondern mir nur vor Augen führte, dass anscheinend *niemand* eine Lösung für das Problem finden konnte. Die Sache wurde für mich außerdem immer ominöser, da Websites von Institutionen, die sich mit Anorexie befassten, das Phänomen mit keinem Wort erwähnten. Diesen Umstand konnte ich mir nur so erklären, dass nur sehr wenige Patienten davon betroffen waren, diese ihren Ärzten und Therapeuten vielleicht aus Scham heraus nicht davon berichteten und es daher wohl selbst in Fachkreisen unbekannt war. Ich war also ein Einhorn.

Schließlich rief ich beim Krisendienst an, der sich nicht als sonderlich krisenfest erwies und mich schleunigst mit meinem Problem an eine Hotline für Essgestörte weiterreichte. Die Dame, die ich dort an der Strippe hatte, ordnete nach meinen Schilderungen an, unverzüglich sämtliche Lebensmittel aus dem Haus zu schaffen, da ich diese dann logischerweise auch nicht verzehren könnte. Wenn mich der Hunger überkam, sollte ich Äpfel oder Mohrrüben essen. »Schokolade macht Sie *sofort* fett, meine Liebe. Damit tun Sie sich keinen Gefallen!«, tönte es aus der Sprechmuschel. Konsterniert erwiderte ich: »Ich wiege 45 Kilo. Bis ich *fett* bin, habe ich also noch ein wenig Spielraum. Und wie gesagt: Mein Körper scheint einfach nichts anderes zu *akzeptieren* als dieses ganze ungesunde Zeug. Ich habe gerade eine regelrechte Abneigung gegen Obst und Gemüse und würde gerne wissen, ob Sie Erfahrungswerte haben, was solche Erscheinungen betrifft. Ist das normal?« – »Sie sind eine *Magersüchtige*, die soeben bei einer *Notfallrufnummer* für *Essgestörte* angerufen hat. Bei Ihnen ist natürlich überhaupt nichts *normal*«, setzte die Frau am anderen Ende der Leitung die Realsatire fort.

So verunsichert und neben der Spur ich auch war, besaß ich glücklicherweise noch ausreichend Verstand, um an diesem Punkt ohne ein weiteres Wort aufzulegen.

Diverse unterschiedliche Aussagen, Meinungen, Ratschläge und Foreneinträge rumorten nun in meinem Kopf gleichsam der zahllosen Kalorien in meinem Bauch. Die Angelegenheit war nicht mehr und nicht weniger als eine Aporie.

38

BERATUNGSRESISTENZ
AT ITS BEST

Als ich kurz vor Ferienende direkt im Anschluss an ein 2000-Kalorien-Frühstück die *dritte* Tafel Schokolade (Sorte Spekulatius – sehr zu empfehlen im Übrigen) öffnete und wieder einmal still vor mich hin weinte, schrieb ich Helena, einer befreundeten Psychologin, eine Nachricht. Sie war gut im Bilde über das, was ich gerade durchlebte, da sie zu den wenigen Freunden gehörte, zu denen ich in dieser Zeit Kontakt hatte. Ich bat sie, nach der Arbeit bei mir vorbeizuschauen und sich meinen Zustand aus fachkundiger Perspektive heraus zu beschauen. Wer konnte schon wissen, ob mein Therapeut die Lage richtig beurteilte und ich nicht doch in einer Klinik besser aufgehoben wäre? Ich brauchte eine zweite Meinung. Dr. Fedland hatte mich ja bereits wissen lassen, dass von mehreren Theorien der einfachsten stets der Vorzug zu geben sei. Und für mich war jetzt die einfachste beziehungsweise *naheliegendste*, dass ich dem Wahnsinn anheimgefallen war. Meine Freundin sollte mir nun mittels ihrer Expertise helfen, diese Theorie zu verifizieren. Als sie am frühen Abend bei mir eintraf, verriet mir ihr Gesichtsausdruck dann auch rasch, dass ich mit meiner These *so* falsch nicht liegen konnte.

Ich hatte auf ihr Klingeln hin lediglich kurz den Summer betätigt, die Tür einen Spaltbreit geöffnet und mich umgehend wieder aufs Sofa fallen lassen, wo ich mir beschämt über meine schlechte Verfassung die Decke über den Kopf zog – mir fehlte die Kraft, um sie den Konventionen entsprechend an der Tür zu begrüßen. Einige Augenblicke später hörte ich sie eintreten und forderte sie aus meiner Höhle heraus auf, sich so neutral wie möglich ein Bild von der Lage zu machen. »Alles klar«, sagte Helena, die ihre Besorgnis in der Stimme nur schlecht verbergen konnte, »ich hole mir kurz noch etwas zu trinken und bin dann gleich bei dir.«

Sie durchquerte meine Wohnung, die inzwischen aussah wie die Bleibe eines adipösen Messies, der in all dem Chaos weder des Staubsaugers noch eines Besens fündig wurde. Für gewöhnlich war es bei mir derart aufgeräumt und sauber, dass ich deshalb sogar hin und wieder von Freunden aufs Korn genommen wurde. Jetzt aber rollten die Staubmäuse gemächlich übers Laminat, das Geschirr stapelte sich in und neben der Spüle, Fußböden und Tische waren mit Krümeln übersät, und auf beinahe jedem Möbelstück lagen leere Junk-Food-Verpackungen verstreut. Nachdem Helena sich ein Glas Wasser eingegossen hatte, setzte sie sich neben mich und zog mir vorsichtig die schützende Decke weg. Mit dem Anblick, den sie dadurch zu Tage förderte, hatte sie wohl nicht gerechnet, denn als sie mein aufgedunsenes, verheultes und ungeschminktes Gesicht sah, blies sie die Backen auf, während zugleich ihre Augenbrauen in die Höhe schnellten.

»Ohhh!«, entfuhr es ihr erschrocken, um gleich darauf in betont ruhigem Tonfall ein lang gedehntes »Okay« anzuschließen. Sie sammelte sich kurz und sagte dann: »Du siehst müde aus.« Ich schaute sie genervt an, musste ich doch sofort an Dr. Fedland denken, der in der vorangegangenen Woche genau den gleichen Blödsinn von sich gegeben hatte. »Ist dieser Satz irgendein Code unter euch Seelenklempnern? Was soll die Untertreibung? Ich sehe nicht müde aus, sondern total *heruntergewirtschaftet*. Und so fühle ich mich auch«, giftete ich meine Freundin an.

Helena war Profi genug (und kennt mich wohl auch einfach zur Genüge …), um sich nicht angegriffen zu fühlen, und erkundigte sich stattdessen bei mir danach, was sie für mich tun könne. Unumwunden schilderte ich ihr die Ereignisse der letzten Tage sowie meinen aktuellen Zustand und gestand ihr, dass ich mich schlicht und ergreifend nicht mehr als hinreichend entscheidungsfähig beurteilte, um im Alleingang über einen stationären Psychiatrieaufenthalt zu entscheiden.

Nach einem langen Gespräch fiel die Entscheidung schließlich dagegen aus. Stattdessen schlüpfte Helena in der letzten Ferienwoche in die Rolle der Krankenschwester und kam tagtäglich bei mir vorbei, um mir in endlosen Schleifen zu versichern, dass sie mich trotz allem noch für »zurechnungsfähig« befand und ich meine Entscheidungen selbstständig treffen könne. Dies tat ich dann kurz vor erneutem Schulbeginn auch, und ich vermute, daraufhin hätte meine Freundin ihr Urteil gern noch einmal überarbeitet: »Das Thema Klinik ist für mich erst einmal passé. Ich versuche jetzt einfach, weiterzumachen wie bisher, und muss mich dringend an den Schreibtisch setzen, um meine Lehrprobe vorzubereiten, die gleich am ersten Schultag ansteht.« Helena machte große Augen. »Du willst in ein paar Tagen schon wieder arbeiten gehen?!«, fragte sie ungläubig. »Lala, du solltest dich lieber krankschreiben lassen! Du bist doch noch überhaupt nicht in der Verfassung, um …« – »Papperlapapp!«, unterbrach ich sie im Brustton der Überzeugung. »Wenn ich den ganzen Tag zu Hause herumsitze, wird davon auch nichts besser. Im Gegenteil: Durch die Arbeit werde ich endlich wieder auf andere Gedanken kommen. Der Stress wird mir guttun«, sagte ich und versuchte, mir selbst Mut zu machen, indem ich behauptete: »Das wird schon!« Nun, etwas Ähnliches hat der Kapitän der *Titanic* auch gesagt, und wir alle wissen, was dabei herausgekommen ist. Für mich alten Klugscheißer mit meiner ausgeprägten Hybris aber galten natürlich andere Regeln …

Helena gab sich alle Mühe, um mich von meinem Vorhaben abzubringen, aber Sie kennen meinen Sturkopf inzwischen und können sich denken, dass ich jedem Einwand gegenüber beratungsresistent war. Wie schon Einstein erkannte, sind zwei Dinge unendlich: das Universum und die menschliche Dummheit. Von Astrophysik habe ich nicht den blassesten Schimmer, aber dafür ist mein Wissensschatz über den zweiten Teil der Aussage umso größer. Ich bin quasi der lebende Beweis für seine Richtigkeit.

39

NICHT BEI TROST UND UNTRÖSTLICH

Ich riss mich also gehörig am Riemen und schusterte schleunigst, so gut ich eben konnte, meine Unterrichtsvorbereitung und den dazugehörigen Stundenverlaufsplan zusammen. Dabei focht ich nicht nur einen Kampf mit Fressattacken und Tränen aus, sondern bekam es nun noch mit einem zusätzlichen »Gegner« zu tun: Es hatte nämlich in diesen Horror-Ferien noch eine *weitere* Nacht gegeben, in der ich von einer unschönen Erkenntnis überrascht wurde. Auf dem Weg ins Bett kam ich wie an jedem Abend an meinem kleinen Arbeitszimmer vorbei. Anstatt wie üblich daran vorbeizugehen, knipste ich aus keinem besonderen Anlass heraus das Licht an und ging in den Raum hinein, welchen ich während der Ferien bisher nicht betreten hatte.

Unverwandt musterte ich die auf dem Schreibtisch verteilten Schulbücher und Stundenpläne. Ein Gefühl der Beklommenheit breitete sich in mir aus, und ich runzelte verärgert über mich selbst die Stirn. Warum machte mir das Referendariat so wenig Spaß? Ich hätte es doch wirklich kaum besser treffen können – ich war an ein gutbürgerliches Gymnasium mit gelehrigen Schülern und netten Kollegen geraten. Doch obwohl meine Klassen und Mentoren mich mit offenen Armen empfangen hatten, langweilte es mich schlichtweg, den Kindern die Merkmale einer klassischen Ballade vorzubeten oder mit ihnen den erweiterten Wirtschaftskreislauf durchzukauen. Und wenn ich mir die Inhalte der Lehrpläne durchlas, konnte ich an vielen Stellen nur den Kopf schütteln. Meiner Meinung nach sollten die Kinder in viel zu kurzer Zeit eine viel zu große Menge an Stoff pauken, den ich zu allem Überfluss in weiten Teilen als unsinnig empfand. Das starre Korsett curricularer Vorgaben, die die individuellen Bedürfnisse der Heranwachsenden völlig außer Acht ließen, schnürte auch mir selbst die Luft ab.

Ich ließ mich auf dem Schreibtischstuhl nieder und drehte mich auf diesem eine Weile ebenso im Kreis wie in meinen Gedanken. Doch aus diesen kristallisierte sich nun *einer* prägnant heraus: Ich möchte keine Lehrerin sein. Abrupt unterbrach ich meine kleine Karussellfahrt und rief mich umgehend zur Räson. In Krisensituationen sollte man keine weitreichenden Entscheidungen treffen, sagte ich mir und versuchte, mir weiszumachen, dass meine Überlegungen lediglich meiner momentanen Lage geschuldet waren. Rasch ging ich ins Schlafzimmer und legte mich ins Bett, wo ich aber beim besten Willen nicht in den Schlaf fand, da ich das Thema Schule einfach nicht aus dem Kopf bekommen konnte. Ich stand nach wie vor hinter der Ansicht, dass meine aktuelle Situation nicht dafür geeignet war, um über einen Jobwechsel Beschluss zu fassen – die Gefahr, dass es sich hierbei nur um eine »Laune« handelte, erschien mir einfach zu groß.

Also rief ich mir meine früheren Vorstellungen über meinen Berufsweg ins Gedächtnis und kam somit in die Verlegenheit, mich tatsächlich erstmals mit meinen eigenen diesbezüglichen Wünschen auseinanderzusetzen. Denn bis dato hatte ich ja de facto nur den Anweisungen meiner Eltern Folge geleistet. Ich möchte ihnen damit keinen Vorwurf machen – ganz und gar nicht! Sie haben es mit Sicherheit nur gut gemeint. Doch »gut gemeint« ist manchmal eben leider das Gegenteil von »gut gemacht«. Meine wahre Passion galt seit jeher dem Schreiben, so viel war sicher. Deutlich weniger sicher war (und bin) ich mir jedoch darüber, ob die *Qualität* meiner Texte dafür ausreichen würde, um meine Leidenschaft zum Beruf zu machen.

Ich versuchte, so gut ich konnte, die langsam aufkeimende Idee von einem Jobwechsel zu verdrängen. Das Letzte, was ich momentan gebrauchen konnte, war eine weitere Baustelle in meinem Leben, dachte ich. Also fuhr ich nach Ende der Ferien brav zu meiner Ausbildungsschule und begrüßte Seminarleiter und Lehrer, welche meine kommende Unterrichtsstunde zu beurteilen hatten. Mit dem scheinbar lockeren Auftritt, den ich anschließend aufs Parkett legte, hätte ich in Anbetracht dessen, wie es tatsächlich in mir aussah, gute Aussichten auf ein Stipendium an jeder renommierten Schauspielakademie gehabt. Ich war zurück im Funktionsmodus. Das positive Feedback meiner Ausbilder ging mir runter wie ein dickes Kind auf der Wippe, und ich war glücklich darüber, endlich wieder die vermeintliche Oberhand über mich selbst zurückgewonnen zu haben.

Allerdings war meine Freude nur von kurzer Dauer – sie währte sechs Stunden lang, um genau zu sein. Den gesamten Schultag über bemühte ich mich redlich darum, Schülern und Lehrern eine angemessene Aufmerksamkeit zukommen zu lassen. Dennoch konnte ich mich nur schlecht konzentrieren. Zudem saß mir die Angst vor einer Essattacke im Nacken. Nicht auszudenken, wenn mir während einer Schulstunde wieder die Adern am Körper hervortraten und sich mein Gehirn abschaltete. In meinem Katastrophendenken sah ich mich mitten im Unterricht aus der Klasse verschwinden, um vor den Augen von Kollegen und Kindern marodierend durch die Schulcafeteria zu ziehen.

Den Schultag brachte ich dennoch einigermaßen souverän hinter mich. Anschließend aber stand noch eine Konferenz auf dem Plan. Ich setzte mich gemeinsam mit einigen Lehrern an einen freien Tisch und ließ die Rede der Direktorin an mir vorüberziehen. Anschließend betraten zwei Neuntklässler das Podium, um von ihrem einwöchigen Schüleraustauschprojekt mit einem ungarischen Gymnasium zu berichten. Auch deren Ausführungen schnitt ich nur geringfügig mit, doch ein Satz drang dafür plötzlich umso tiefer in mich hinein: »Diese Woche war für mich ein richtiges *Loslassen* von meinen Eltern.« Schlagartig schaute ich zu dem Jungen, der da gesprochen hatte, hinüber. Stolz lächelte er in sein Publikum und tippelte etwas verlegen von einem Fuß auf den anderen.

Und wie ich mir einerseits diesen Schüler dort vorn besah, dem ich sein Glück von ganzem Herzen gönnte, und mich andererseits die Gewissheit traf, dass das Kind (glücklicherweise!) nicht einmal im Entferntesten eine Ahnung davon hatte, was Loslassen bedeutet, *wirklich* bedeutet – und zwar unabhängig davon, ob es die eigenen Eltern oder eine selbst gewählte Krankheit oder eine Beziehung oder sonst irgendetwas betrifft –, schossen mir die Tränen in die Augen. Verzweifelt versuchte ich, diese wegzublinzeln, und klimperte wild mit den Wimpern wie eine von Dämonen heimgesuchte Puppe aus einem Stephen King-Roman. Die Anstrengung, die es mich kostete, um mich einem neuerlichen Weinkrampf zu verwehren, ließ mich nun zu allem Überfluss am gesamten Leibe zittern. Bald schon nahm ich wahr, wie mich besorgte Blicke von einigen Kollegen trafen, denen ich aber keine Aufmerksamkeit schenkte. Irgendwie stand ich die eineinhalbstündige Veranstaltung durch und rannte, sobald die Direktorin ihr Schlusswort gesprochen hatte, aus dem Raum zu meinem Auto und machte mich vom Acker.

Am frühen Abend kam ich wie betäubt zu Hause an, aß ein Abendbrot, das auch eine dreiköpfige Familie hätte versorgen können, und legte mich schlafen. Als ich am darauffolgenden

Morgen das Lehrerzimmer betrat, traute meine Mentorin, die mir in der Konferenz direkt gegenüber gesessen und somit meinen Kampf gegen die Tränen bemerkt hatte, ihren Augen kaum. »Frau Sarand, mit *Ihnen* habe ich heute wirklich nicht gerechnet. Sie sind doch offensichtlich nicht in guter Verfassung – warum haben Sie sich denn keine Krankschreibung geholt?« – »Ach nein, mit mir ist alles in Ordnung«, erwiderte ich schleunigst. Bevor sie etwas entgegnen konnte, wurde sie von der Oberstufenkoordinatorin gerufen und musste mich stehen lassen, nachdem sie mich noch rasch mit einem sorgenvollen Blick bedacht hatte.

Zu Hause fressen und flennen – in der Schule lächeln und Lehrer spielen. Dieses Doppelleben zerrte an meinem Nervenkostüm, und so kann ich nicht gerade behaupten, trotz bester Vorsätze die restliche Schulwoche »unfallfrei« überstanden zu haben. Physisch war ich vor Ort, glänzte aber keineswegs mit geistiger Anwesenheit. Am Mittwoch wurde ich von der Direktorin einbestellt, die mit der Frage an mich herantrat, ob ich am Donnerstag in einer Klasse für eine fehlende Kollegin einspringen könne. Unverschämt erteilte ich ihr für die Vertretungsstunde eine Absage mit der Begründung, ich hätte donnerstags stets mein Hauptseminar und wäre daher gar nicht an der Schule. Das war, wenn man es positiv werten möchte, immerhin nur eine *halbe* Lüge: Zwar stimmte es, dass besagtes Seminar jeden Donnerstag auf dem Plan stand, aber da deren Leiterin kurzfristig den Job gewechselt hatte (... welch eine Ironie), fiel es bereits seit mehreren Wochen aus. Somit entsprach meine Aussage generell der Wahrheit, aber eben nicht zu besagter Zeit ... Wie schamlos ich meiner Chefin damals also etwas vorgeflunkert habe, ist mir in jenem Augenblick gar nicht bewusst gewesen – wieder einmal stand ich quasi wortwörtlich *neben mir* und hörte mir nur beim Reden zu.

Am Freitag tat ich erneut etwas mir gänzlich Untypisches und frage mich heute noch gelegentlich, was mich *dabei* eigentlich geritten hat – war ich auf »Entzug« von meiner ganzen Lügerei während meiner aktiven Magersucht-Phase und musste nun an anderer Stelle den Leuten um mich herum einen Bären aufbinden?! Ich hatte meinem Stundenplan gemäß einige Unterrichtsstunden abgeleistet und sollte im Anschluss daran bei meinem Betreuungslehrer hospitieren. Als dieser mir zu Beginn der Hofpause im Lehrerzimmer über den Weg lief, behauptete ich ihm gegenüber plötzlich und ohne mir zuvor Gedanken darüber gemacht zu haben, dass ich heute dem Unterricht eines *anderen* Kollegen beiwohnen würde. Kaum hatte ich dies ausgesprochen, schnappte ich mir auch schon meine Tasche und besaß tatsächlich die Chuzpe, mitten in der großen Pause quer über den vollen Schulhof zu meinem Auto zu marschieren. Vor aller Augen setzte ich mich in den knallroten Wagen und donnerte mit quietschenden Reifen vom Gelände. Ich fuhr geradewegs nach Hause, wo ich postwendend auf dem Sofa einpennte, nachdem ich mir noch rasch eine Familienpizza im Ofen heiß gemacht hatte. Als ich wieder zu mir kam, hatte draußen bereits die Dämmerung eingesetzt.

Ich setzte mich mit einer Kippe ans Fenster und ließ die Woche Revue passieren. Erst dabei wurde mir klar, wie ich mich meiner Direktorin und meinem Mentor gegenüber verhalten hatte. Ich grübelte darüber nach, worin meine Beweggründe dafür liegen mochten. Da Ausbildungsschulen und Seminarleitungen in häufigem Austausch miteinander standen, konnte allzu leicht herauskommen, dass ich mich frech um den Vertretungsunterricht gedrückt hatte. Ebenfalls hoch war die Wahrscheinlichkeit dafür, dass einer der Schüler, die Zeuge meines heutigen Abgangs geworden waren, meinen Betreuungslehrer darauf ansprachen. Die Dreistigkeit, mit der ich in den vergangenen Tagen in der Schule agiert hatte, schien förmlich um eine Kündigung zu *betteln*. Bei dem Gedanken an einen Rauswurf umspielte ein unwillkürliches Grinsen meine Lippen, das mir, als ich mir dessen bewusst wurde, sofort im Gesicht einfror. Was gibt mir an dieser Geschichte denn bitte schön Anlass zum Lächeln?, fragte ich mich. Und konnte mir die Antwort schnell selbst geben: Die Aussicht darauf, vom Referendariat »erlöst« zu werden, war einfach großartig. Ich konnte einfach nicht mehr. Und ich *wollte* auch nicht mehr. Doch was von beidem überwog? Ich blieb dabei, keine Entscheidung übers Knie zu brechen. Aber ich musste nun doch einsehen, dass meine Kraftreserven aufgebraucht waren. Am darauffolgenden Montag saß ich heulend bei meiner Hausärztin und ließ mir eine Krankschreibung ausstellen.

40

HYPERVENTILIERENDE HORMONE

Die Gewissheit, im Folgenden erst einmal für einige Wochen der Schule fernbleiben zu können, ließ zumindest *etwas* Druck von mir abfallen, auch wenn ich nun voller Scham darüber war, mir »nur« aufgrund meiner Essstörung und der Depression eine Arbeitsunfähigkeitsbescheinigung geholt zu haben. Aber immerhin rappelte ich mich nach etwa einer Woche so weit auf, dass ich zu einer erneuten Internetrecherche über meine Fressanfälle fähig war, die dieses Mal über den Besuch einiger Foren hinausreichte. Bald schon konnte ich alle deutschsprachigen Seiten über Essstörungen auswendig zitieren, ohne jedoch nennenswerte Erkenntnisse über das Phänomen gewonnen zu haben.

Lediglich eine einzige Seite einer Praxis für Essstörungen widmete sich diesem Thema in einem kurzen Abschnitt – allerdings derart verklausuliert, dass man nur als echter Insider verstand, worauf die Textpassage anspielte. Dort hieß es: »Wenn Magersüchtige an Gewicht zunehmen, reagieren sie zunächst fast regelmäßig mit einer Depression […] Die somatisch-positiven Veränderungen erleben sie als Zeichen eines absoluten Kontrollverlustes.«[3]

Diese Formulierung entbehrt jedweder Kausalität, oder? Denn warum sollte sich das Gefühl »eines absoluten Kontrollverlustes« und zudem noch eine *Depression* einstellen, wenn die Gewichtszunahme kontrolliert und freiwillig vonstattengeht? Liebe Autoren dieser Seite: Ich kann Ihnen garantieren, dass wir die »somatisch-positiven Veränderungen«, wie Sie es so schön ausdrücken, nicht nur als »Zeichen« fehlender Kontrolle »erleben« – der Kontrollverlust ist *Fakt* und hat rein gar nichts mit subjektivem *Erleben* oder persönlicher Bewertung des Ganzen zu tun. Wir können uns genauso wenig gegen die Fresserei wehren wie Gänse in einem Mastbetrieb, denen mit Futter befüllte Trichter in den Hals gerammt werden, um ihre Stopfleber später als Delikatesse zu verkaufen.

Warum verdammt noch mal nennt in unseren Breitengraden also niemand das Kind beim Namen und klärt uns (Ex-)Essgestörte darüber auf, was uns beim Ausstieg aus der Krankheit erwartet?! Warum lasst ihr angeblichen Spezialisten uns mutterseelenallein in eine tiefe Hilf- und Ratlosigkeit hinabgleiten, die dann *natürlich* in eine Depression mündet? Seid ihr schon mal auf die Idee gekommen, dass ihr durch eure Verschwiegenheit möglicherweise einen beträchtlichen Teil dazu beitragt, dass unzählige Anorexie-Patienten bei Auftreten der Essattacken auf direktem Weg in die Bulimie schlittern?!

»Nachdem ich also viel Zeit damit verschwendet hatte, vergebens nahezu sämtliche deutschsprachigen Seiten nach Informationen zu durchforsten, packte mich der Ehrgeiz, und ich weitete meine Suche auf internationales Parkett aus. Und siehe da: Die USA sind uns offensichtlich mindestens einen Schritt voraus, was diese Problematik betrifft. Dort kursieren auf unzähligen Blogs Erfahrungsberichte von Betroffenen, auf die sogar von Instituten und Vereinen, die sich auf die Behandlung von Essstörungen konzentrieren, verwiesen wird. Die dortigen Ärzte und Therapeuten pflegen ebenso wie die Patienten einen völlig offenen Umgang mit diesem schwierigen Thema und werden nicht müde, den Lesern wieder und wieder zu versichern, dass sie mit ihrem Problem nicht alleine sind. Das Gefühl, einem unstillbaren Drang nach Nahrungsaufnahme bis hin zur totalen Übersättigung ausgeliefert zu sein, ist im wahrsten Sinne des Wortes so *einzigartig*, dass ein Betroffener sich nicht vorzustellen vermag, dass irgendjemand anderes Ähnliches erlebt. Daher stieß ich bei meinen Suchen auf amerikanischen Homepages wohl auch immer wieder auf den Satz »You are *not* an Unicorn« (»Du bist *kein* Einhorn«).

Auch der großen Angst vor einer vermeintlichen Symptom-verschiebung zum Binge Eating hin wird konstruktiv entgegen-gewirkt: Zum einen wird diese Essstörung in den USA als eigenständige und klassifizierte Krankheit anerkannt. Die be-schriebenen Symptome gleichen hier wie dort den Fressattacken infolge der Magersucht – allerdings inklusive des ausdrücklichen Hinweises, dass die Auflistung zur Diagnose-Feststellung *nicht* auf Patienten angewendet werden darf, die sich von Anorexie, Bulimie und anderen restriktiven Essstörungen erholen.

Endlich erfuhr ich, dass es sich bei den Anfällen nicht um eine neue Psycho-Macke handelte, sondern es dafür sogar eine physiologische Begründung gibt. Der Organismus bemüht sich nach der »Hungersnot« schnellstmöglich um die Wieder-herstellung eines gesunden körperlichen Zustands – es könn-te ja sein, dass schon bald erneut eine Zeit des Mangels droht. Um also zügig Gewicht zuzulegen, führen Umstellungen im Hormonhaushalt dazu, dass der Hunger während des Essens nicht abnimmt, sondern stattdessen größer wird. Erst, wenn dem Körper über eine gewisse Zeit hinweg konstant signali-siert wird, dass das Nahrungsangebot von Dauer ist, normali-siert sich die Ausschüttung entsprechender Botenstoffe wieder, und wir dürfen uns irgendwann auch wieder satt fühlen. Bis dahin hyperventilieren unsere Hormone quasi wie Teenager bei einem Pop-Konzert – und ebenso wie deren Eltern diesen Irr-sinn vorübergehend auszusitzen haben, müssen auch *wir* diese Zeit halt irgendwie ertragen, ohne dabei die Nerven zu verlieren.

Untermauert werden die Erklärungen von einer Studie. In den 1940er-Jahren, als Ethik offenbar noch keine große Bedeutung beigemessen wurde, wenn es um medizinische Versuchsreihen ging, setzte man 120 kräftige, gesunde Männer in einem Laborexperiment für einige Monate auf Radikal-Diät. Schon nach wenigen Wochen gab es nur noch ein einziges Gesprächsthema unter den Kerlen, die sich zuvor nie an den heimischen Herd gestellt hatten: Essen. Sie sprachen stundenlang über ihre Lieblingsgerichte und tauschten Rezepte aus. Mit der Zeit entwickelten sie außerdem ein buntes Potpourri an Verhaltensauffälligkeiten: Manche traten den sozialen Rückzug an und weigerten sich, Besuch in Empfang zu nehmen. Andere reagierten schnell gereizt ihren Mitmenschen gegenüber, und einige zeigten sogar Symptome des Borderline-Syndroms, indem sie sich selbst verletzten.

Interessant, oder? Aber das Wichtigste ist: Nachdem das Experiment beendet wurde, startete bei allen von ihnen … das große Fressen. Sie aßen und aßen und fühlten sich dennoch nie richtig satt. Als die Probanden der Minnesota Starvation Study fünf Monate später erneut untersucht wurden, hatte sich beim allergrößten Teil der Versuchsgruppe das Essverhalten wieder normalisiert. Jetzt könnten Sie vernünftigerweise annehmen, dass ich mich nach meinem ausgiebigen autodidaktischen Studium zu diesem Thema nun durch meine gewonnenen Erkenntnisse entspannt zurücklehnen konnte. Doch der Konjunktiv »könnte« verrät Ihnen bereits, dass dem nicht so war.

Wenn jemand dazu aufgefordert werden würde, eine Charakterbeschreibung von mir anzufertigen, und die betreffende Person würde mir hierbei das Attribut »pessimistisch« zuschreiben, wäre dies ungefähr genauso untrieben, wie Ebola als harmlosen Infekt zu deklarieren. Die empirischen Ergebnisse beruhigten mich kein bisschen – vielmehr trieb mir die Tatsache, dass einige wenige Studienteilnehmer auch Jahre nach Ende des Forschungsprojekts kalorienmäßig *weiterhin* über ihren Bedarf hinaus aßen, den Angstschweiß auf die Stirn.

41

HOL DEN VORSCHLAGHAMMER!

So hockte ich, während eine Krankschreibung die nächste jagte, bis zum Jahresende wie ein verschüchtertes Kaninchen in meiner Höhle – äh, Wohnung – und malte mir ein Katastrophenszenario nach dem anderen aus. Wie sollte es mit meinem Leben nun weitergehen? Wie sollte ich mich außerdem trauen, eine berufliche Entscheidung zu treffen, wenn mich doch schon die tägliche Nahrungsaufnahme überforderte, die den meisten Menschen nicht gerade ein Höchstmaß an intellektuellem Aufwand abringt? Wie so oft war ich wieder einmal wütend auf mich selbst. Doch Wut hat auch ihr Gutes: Sie ist ein ausgezeichneter Motivator. Da ich noch immer zornig darüber war, dass viele Betroffene ebenso im Dunkeln tappen mussten, wie ich es über geraume Zeit hinweg tat, weil um die grauenhaften Fressattacken im Internet hierzulande eine solche Geheimniskrämerei betrieben wird, schrieb ich dafür kurz entschlossen einen umso ausführlicheren Text dazu. Ebenso ungeschönt wie auch in diesem Buch beschrieb ich dort, was mir widerfahren war. Ich erläuterte die wissenschaftlichen Erkenntnisse über die Essattacken und empfahl hilfreiche Links.

Um meinen Text anderen Menschen zugänglich machen zu können, musste ich nun endlich etwas tun, wozu mich Freunde, die frühere Schreibversuche von mir kannten, schon seit Langem drängten: Ich rief meinen eigenen Blog ins Leben. Um meine Leidensgenossen auf den Bericht aufmerksam zu machen, bot ich diesen *SPIEGEL ONLINE* an. Die Nachrichtenplattform hatte bereits andere Artikel von mir veröffentlicht, die ich gelegentlich aus einer Laune heraus zu Papier gebracht hatte. Auch jetzt nahm die Redaktion das unaufgefordert eingesandte Manuskript gern entgegen und stellte es in gekürzter Version auf der Website ein. Da mir jedoch daran gelegen war, dass Leute die Gelegenheit dazu bekamen, den Beitrag in *Gänze* lesen zu können, bat ich um eine Verlinkung auf meine Internetseite.

Die Resonanz war größer, als ich mir je hätte träumen lassen. Mein Postfach wurde mit Nachrichten geradezu überschwemmt. Die diversen Genesungswünsche darunter nahm ich gerührt entgegen, aber viel wichtiger waren mir die zahlreichen Dankesbekundungen derer, die sich in der gleichen verzweifelten Lage befanden wie ich. In ihren Zuschriften und Kommentaren beklagten sie ebenfalls den Umstand, dass das große Fressen, das viele Essgestörte irgendwann überfällt, totgeschwiegen wird. Sie berichteten mir von ihren persönlichen Leidensgeschichten und davon, dass sie durch meinen Beitrag neuen Auftrieb erhalten hätten. Ich hatte es geschafft, einer Menge Menschen Mut zu machen, und das war ein verdammt gutes Gefühl.

Damit meine brandneue Homepage nicht allzu nackt daherkam, stellte ich auch andere Texte von mir ein. Bald bekam ich zu meiner Verwunderung von einigen Seitenbesuchern Lob für meinen Schreibstil. Ich war mir unsicher, wie ich dieses zu bewerten hatte: Handelte es sich hierbei nur um laienhafte Urteile Einzelner, oder verfügte ich *wirklich* über ein wenig Talent …?

Silvester war für mich in diesem Jahr wahrlich kein Grund zum Feiern, denn das Ferienende rückte näher, und der sodann erneut anzutretende Schuldienst schwebte wie ein Damoklesschwert über mir. Ich musste jetzt zeitnah einen Entschluss fassen. Und das tat ich dann auch. Zum ersten Mal in meinem Leben traf ich eine gänzlich »unvernünftige« Entscheidung: Ich schmiss hin. Ohne irgendeinen Plan B in der Tasche oder auch nur den

Hauch einer Ahnung, wie es beruflich für mich weitergehen sollte. Ich entließ mich aus dem Beamtendienst, den viele Menschen als erstrebenswertes »Sicherheitsnetz« empfinden mögen. Mir aber erschien es stets wie ein »Fangnetz«, aus dessen Stricken in Form von Regularien und Reglementierungen es kein Entkommen gab. Einer »Gehorsamspflicht«, wie sie von Beamten gefordert wird, vermochte ich noch nie und niemandem gegenüber sonderlich gut nachzukommen. Und wenn mir der Sinn danach stand, für irgendeinen Streik auf die Straße zu gehen, dann wollte ich das auch verflucht noch mal tun können. Dass darüber hinaus die Behörden freiweg und ohne eine meinerseits erteilte Zustimmung über eventuelle *Versetzungen* entscheiden können, stieß mir ebenfalls sauer auf. Oder würden Sie gern von einem Tag auf den anderen von der Nachricht überrascht werden, dass sie gefälligst Ihren Arbeitsort zu wechseln haben?

Die Liste meiner Vorbehalte könnte ich noch um so einige Punkte ergänzen, aber dann würde ich wohl wirklich zu weit vom eigentlichen Thema abkommen. Obwohl ich in meiner Geschichte ja sowieso schon in derart viele Richtungen abgeschweift bin, dass ohnehin keiner mehr sagen kann, mit was für einer Sorte Buch er es hier zu tun hat, oder?

Und natürlich ging es bei dem Abbruch meines Referendariats ohnehin nicht primär um irgendwelche Strukturen, mit denen ich unzufrieden war. Ich hatte es einfach satt, mich für irgendetwas abzurackern, woran ich keine Freude hatte. Das hatte ich in meiner Ausbildung, im Studium und in meinem öden Nebenjob im Verlag zur Genüge getan. Im vergangenen Jahr hatte ich durch die Kündigung im Verlag, die Trennung von Daniel und den begonnenen Ausstieg aus der Magersucht bereits tief greifende Veränderungen in meinem Leben vorgenommen. Nun holte ich also ein letztes Mal den Vorschlaghammer hervor und zertrümmerte die verbliebenen Reste meiner alten Existenz, um darauf ein neues Fundament errichten zu können. Das eigene Leben von Grund auf zu ändern, kostet sehr viel Kraft. Erstaunlich eigentlich, dass Menschen diese oftmals ausgerechnet dann aufzubringen imstande sind, wenn sie gerade eine schwere Krise zu bewältigen hatten. Es scheint, als schulten Schicksalsschläge und Erkrankungen nicht nur die Reflexionsfähigkeit in Bezug auf die persönliche Lebensführung, sondern auch die individuelle Resilienz, also die persönliche Widerstandsfähigkeit. Natürlich wünsche ich niemandem, über solche Wege zu sich selbst finden zu müssen, und vielleicht spricht hier auch nur der verzweifelte Wunsch aus mir, meiner Magersucht irgendetwas Positives abzuringen, aber letztlich glaube ich, dass eine Menge Leute in der Welt gern einen Neuanfang wagen würden, wenn sich ihnen doch nur die Gelegenheit dazu böte. Und all diejenigen, die qua ärztlicher Diagnose ohnehin schon den offiziellen Stempel des »Verrückten« tragen, sind dadurch vielleicht in der Lage, in diesem Zuge dann eben auch »verrückte« Entscheidungen zu fällen. Frei nach dem Motto: »Ist der Ruf erst ruiniert, lebt es sich recht ungeniert.«

Ich auf jeden Fall hielt mich an dieses geflügelte Wort und ordnete so mein Leben von Grund auf neu. Zum ersten Mal beschloss ich völlig eigenständig, was für mich das Beste ist, ohne dabei Rücksicht auf die Vorstellungen anderer oder gesellschaftliche Konventionen zu nehmen. Es bedurfte dafür keiner Unterstützung durch einen Klinikaufenthalt oder Psychopharmaka. Dabei möchte ich natürlich weder das eine noch das andere verteufeln – ich spreche lediglich für mich ganz persönlich, wenn ich Ihnen sage, dass mein Weg eben dieser war: aushalten, ausschmerzen und schließlich wieder aufstehen. Aus dem Tiefpunkt wurde der Wendepunkt und bis heute habe ich keine meiner in diesem Zuge getroffenen Entscheidungen bereut.

42

KEIN ENDE MIT SCHRECKEN –
ABER AUCH NICHT OHNE ...

Und so kam es, dass ich hier sitze und diese vielen Wort zu Papier bringe. Die Magersucht und ich – nun kennen Sie unsere Geschichte. Ich habe mich mit diesem Buch darum bemüht, sie Ihnen und mir so leicht wie möglich zu machen. Doch die Sätze, mit denen ich mich nun am Ende an Sie wende, vermag ich nicht in heitere Worte zu kleiden:

Diese Krankheit hat mich weit mehr gekostet als Kilos auf der gottverdammten Waage. Sie hat sich in allen Lebensbereichen an mir gütlich getan. Gewichtsreduktion ist reversibel. Doch die Magersucht hat mir auch mein Selbstvertrauen genommen, und das im denotativen Sinne: Ich vertraue mir nicht mehr. Ständig hinterfrage ich meine Gedanken und mein Handeln – immer in Sorge darum, es könnten sich erneut Verhaltensmuster einer psychischen Erkrankung oder eine Symptomverschiebung einschleichen.

Mittlerweile haben sich außerdem erste physische Spätfolgen bemerkbar gemacht: Die Anorexie in Verbindung mit dem exzessiven Joggen hat mir gleich mehrere Ermüdungsbrüche beschert. Kommende Untersuchungen werden erst noch zeigen, ob diese »nur« der Überbelastung geschuldet sind oder sich bei mir, wie bei vielen Magersüchtigen, eine Osteoporose ausgebildet hat. Außerdem habe ich eine gehörige Körperschema-Störung davongetragen, die mir den Blick in den Spiegel mit meinen inzwischen 49 Kilo nicht gerade leichter macht, und mein Hormonhaushalt ist – ein anderer Ausdruck fällt mir dafür nicht ein – schlicht und ergreifend im Arsch.

Auch mein Verhältnis zum Sport ist nach wie vor ein schwieriges. Noch immer kann ich es mir selbst nicht erlauben etwas zu essen, wenn ich nicht zuvor bei Wind und Wetter meine allmorgendliche Laufeinheit absolviert habe, die ich unverzüglich wiedereingeführt habe, sobald die Ermüdungsfrakturen halbwegs verheilt waren. Der unbändige Zwang zu joggen lässt mich bereits nach dem ersten Klingeln des Weckers aus dem Bett springen und hektisch in meine Laufschuhe schlüpfen wie einen Bereitschaftsarzt bei einem Notruf zu einem plötzlichen Katastropheneinsatz. Dass da erneute Schäden an Knochen oder Muskulatur nicht lange auf sich warten lassen werden, ist mir natürlich klar – aber die Stimme der Vernunft obsiegt in dieser Angelegenheit nicht über diejenige, die mir dieses Selbstkasteiungsprogramm auferlegt.

Dennoch: Ich bin am Leben. Das ist ja schon mal eine Menge wert in Anbetracht dessen, dass die Mortalitätsrate der Anorexia nervosa rund 15 Prozent beträgt und diese somit zu den Erkrankungen mit der schlechtesten Prognose im Bereich der Psychiatrie und Psychosomatik gehört.

Ob ich heute gesund bin? – Na ja, ein *gesunder* Mensch ist nur jemand, der nicht ausreichend untersucht wurde, habe ich mal gelesen. Verzeihen Sie, ganz ohne Zynismus geht es bei mir einfach nicht. Gesund oder krank – ich bin ich. Und damit muss ich (über-)leben.

+++

EPILOG

Meine letzten Worte richte ich (wie sollte es anders sein?) an all meine wunderbaren und wundersamen Mitstreiterinnen und Mitstreiter, an all die Einhörner dort draußen: Vielleicht habe ich leicht reden, wenn ich euch dazu auffordere, den Kampf gegen eure Krankheit aufzunehmen oder weiter fortzuführen – denn ich bin Sportler und kämpfe daher naturgemäß gern. Besonders gegen mich selbst, wie ihr ja lesen konntet.

Und ja, es gibt tatsächlich ein Rezept für die Genesung. Es enthält keinerlei Geheimzutaten, und seine Zubereitung ist derart simpel, dass man kotzen möchte (Entschuldigung an alle Bulimiker/innen für die ungeschickte Wortwahl). Nach der vielen, vielen Literatur, die ich gewälzt habe, nach den unzähligen Gesprächen mit meinem hochverehrten Therapeuten und anderen von einer Essstörung betroffenen Menschen kann ich an dieser Stelle lediglich einen schlichten Satz anführen, über den ich bereits im Herbst vergangenen Jahres auf einer amerikanischen Website gestoßen bin: *Restriction* is the enemy (*Restriktion* ist der Feind). Unser Gegner sitzt ebenso wenig in Fett und Zucker, wie sich das Glück hinter Kleidergrößen und einem angeblichen Idealgewicht verbirgt. All diese Dinge sind für »Leute wie uns« mit strenger Restriktion verbunden. Und diese unablässige Selbstkasteiung können weder Körper noch Geist auf Dauer ertragen. Daher fallen wir so oft von einem Extrem ins andere.

Ich will euch nichts vormachen: Nachdem die Anfälle nach einigen Monaten endlich nachgelassen hatten (das tun sie nämlich *wirklich*, so unwahrscheinlich es einem auch erscheinen mag), vollzog auch ich zunächst rasch erneut die Kehrtwende Richtung Anorexie und verlor einige Kilos. Die alten Muster hatten sich schneller wieder eingeschlichen, als ich gucken konnte. Da ließen abendliche »Aussetzer« natürlich nicht lange auf sich warten. Das Glas Ovomaltine, um das ich wochenlang herumgeschlichen war, ohne es zu öffnen, hatte ich dann innerhalb von Minuten geleert. Die Schuld- und Schamgefühle am nächsten Morgen dürften den meisten von euch bekannt sein.

Und eines Nachts habe ich es vor lauter Verzweiflung und wider besseres Wissen schließlich *doch* über mich gebracht, das ausgeuferte Abendessen auf der Toilette wieder zu erbrechen – ein in jeder Hinsicht über alle Maßen schmerzhaftes Erlebnis. Doch nun langte es mir immerhin endgültig, und ich kratzte die Reste meines *gesunden* Verstandes zusammen. Mit deren Hilfe betrachtete ich mir diese Angelegenheit noch einmal ganz in Ruhe und kam zu einem (für Normalesser sicherlich *profanem*, aber »wir« ticken nun mal anders) Ergebnis: Wenn ich mir »einfach« jedes Mal, wenn mich darauf die Lust überkommt, ein Brot mit Ovomaltine genehmige, ist eine solche Völlerei bei Nacht und Nebel schlichtweg nicht mehr nötig. Wenn es keine »verbotenen Früchte« mehr gibt, verlieren sie ihren Reiz. Auf den Tisch darf nicht anderes kommen als das, wonach wirklich ein Verlangen besteht. Die direkte und häufige Konfrontation mit den von uns gefürchteten und gleichzeitig gewünschten Lebensmitteln ist der einzige Weg, um ihnen ihre Macht über unser Leben zu nehmen.

Und wenn ihr euch entscheidet, diesen Weg ebenso zu beschreiten, wie ich das derzeit tue, und das bedeutet, dass ihr nun für einige Zeit den ganzen Tag über ausschließlich *Schokolade* essen wollt, dann ist das halt so – und *nachvollziehbar* außerdem, wenn man sich vor Augen führt, wie lange wir dahin gehend abstinent gelebt haben. Eine Gewichtszunahme ist so natürlich erst einmal vorprogrammiert. PANIK, ich weiß. Geht mir genauso. Aber dieser Prozess ist ebenso wenig eine Einbahnstraße wie die Anorexie. Es wird sich nach einiger Zeit alles schon wieder »einpendeln«, wie Dr. Fedland es ausdrücken würde. Während ich diese Zeilen niederschreibe, habe ich bereits vier Müsliriegel nacheinander verdrückt. Und wenn mir der Sinn nach einem *fünften* steht, dann stehe ich auf und hole mir den, klar? Irgendwann werde ich die Dinger schon satthaben – im wörtlichen und im übertragenen Sinn. Mein Kohlrabi kam mir ja irgendwann auch zu den Ohren raus, warum sollte es sich mit Müsliriegeln anders verhalten? Und seit ich jetzt mit meiner neuen Leck-mich-am-Arsch-Einstellung durch die Gegend laufe und mich mit Pizza und Eiscreme füttere, muss ich immerhin nicht erneut den armen Kühlschrank mit einem spätabendlichen Plünderungszug überfallen …

Skurrilerweise greife ich im Supermarkt trotzdem nach wie vor zu Light-Produkten, wann immer sich die Gelegenheit dazu bietet. Ihr könntet eine Bohrmaschine im Baumarkt mit dem Hinweis »kalorienarm« versehen, und das Gerät würde schnurstracks in meinem Einkaufskorb landen. Aber hey: *Darüber* kann ich lachen – wer kommt schon ohne Narben durchs Leben?

Auf jeden Fall habe ich keine Lust darauf, zu den vielen angeblich *ehemaligen* Essgestörten zu gehören, die zwar gewichtsmäßig irgendwie im unteren Normalgewicht herumdümpeln und somit augenscheinlich wieder genesen sind, aber sich insgeheim noch immer den Kopf über jede Mahlzeit zerbrechen. Wenn ihr das genauso seht, dann packt es an und nutzt eure Gehirnkapazität produktiver als mit Kalorienzählen. Denn auf irgendetwas wollte eure Essstörung euch ja hinweisen – oder eben davon *ablenken* … Beschäftigt euch mit euch selbst – ich bin mir sicher, das wird so einiges zutage fördern, womit ihr – anders als mit Kalorien – nicht *gerechnet* habt.

Lange habe ich darüber nachgedacht, wie ich diese Geschichte enden lassen soll, bis mir aufgefallen ist, dass sie überhaupt kein Ende *hat*, weil es sich hierbei um meine eigene Lebensgeschichte handelt und diese glücklicherweise noch ein wenig fortdauern wird, wenn nichts dazwischenkommt. Und genau deshalb setze ich an der letzten Stelle meiner Erzählung auch keinen abschließenden

ANMERKUNGEN

1 www.schoen-kliniken.de/ptp/medizin/psyche/essstoerung/
magersucht und www.klinik-am-korso.de/essstoerungen/
magersucht-anorexie/magersucht-entstehung-diagnose-
folgen-und-behandlung

2 www.bzga-essstoerungen.de/verwandte-freunde0/mager-
sucht/ursachen-und-ausloeser/

3 www.schuckall.de/artikel/depressionenessstoerung.htm

LARISSA SARAND wurde 1988 in Berlin geboren, wo sie als waschechter »Lokalpatriot«, wie sie sich selbst bezeichnet, noch immer lebt. Nach einer Ausbildung zur Verlagskauffrau studierte sie Deutsch und Politische Bildung auf Lehramt. Ihr anschließendes Referendariat brach sie vorzeitig ab und arbeitet heute als freie Autorin. Der Magersucht hat sie den Rücken gekehrt, aber »die Magersucht noch nicht mir«, wie sie selbst sagt.

Larissa Sarand
FRISS ODER STIRB
Wie mir die Magersucht auf den Magen schlug
und ich ihr ins Gesicht

ISBN 978-3-86265-667-7
© Schwarzkopf & Schwarzkopf Verlag GmbH, Berlin 2017
Zweite Auflage Dezember 2017
Vermittlung: Literaturagentur Brinkmann, München | Alle Rechte vorbehalten. Dieses Werk ist urheberrechtlich geschützt. Jede Verwendung, die über den Rahmen des Zitatrechtes bei korrekter und vollständiger Quellenangabe hinausgeht, ist honorarpflichtig und bedarf der schriftlichen Genehmigung des Verlages. | Autoren- und Coverfoto: © Konstantin Zander

VERLAG
Schwarzkopf & Schwarzkopf Verlag GmbH
Kastanienallee 32, 10435 Berlin
Telefon: 030 – 44 33 63 00 | Fax: 030 – 44 33 63 044

INTERNET | E-MAIL
www.schwarzkopf-schwarzkopf.de
www.facebook.com/schwarzkopfverlag
info@schwarzkopf-schwarzkopf.de